문화선교의 이론과 실제

모든 인간은 하나님의 형상을 닮은 존엄한 존재입니다. 전 세계의 모든 사람들은 인종, 민족, 피부색, 문화, 언어에 관계없이 존귀합니다. 예영커뮤니케이션은 이러한 정신에 근거해 모든 인간이 존귀한 삶을 사는 데 필요한 지식과 문화를 예수 그리스도의 사랑으로 보급함으로써 우리가 속한 사회에 기여하고자 합니다.

문화 선교의 이론과 실제

펴낸 날 · 2011년 3월 25일 | **초판 1쇄 찍은 날** · 2011년 3월 20일

지은이 · 문화선교연구원 엮음 | **펴낸이** · 김승태
등록번호 · 제2-1349호(1992. 3. 31) | **펴낸 곳** · 예영커뮤니케이션
주소 · (136-825) 서울시 성북구 성북1동 179-56 | **홈페이지** www.jeyoung.com
출판사업부 · T. (02)766-8931 F. (02)766-8934 e-mail: edit1@jeyoung.com
출판유통사업부 · T. (02)766-7912 F. (02)766-8934 e-mail: sales@jeyoung.com
copyright ⓒ2011, 문화선교연구원
ISBN 978-89-8350-749-5(04230)
    978-89-8350-750-1(세트)

값 10,000원

* 잘못 만들어진 책은 교환해 드립니다.
* 본 저작물은 저작권법에 의하여 한국 내에서 보호를 받는 저작물이므로 무단 전제와 무단 복제를 금합니다.

문화선교연구신서 1

문화선교의 이론과 실제

문화선교연구원 엮음

예영커뮤니케이션

머리말

'문화선교'라는 용어는 그 개념이 아직 정립되지 않은 상태에서 사용되고 있다. 대체로는 문화를 통해서 복음을 전한다는 의미와 문화를 향한 복음적 가치의 실현이라는 의미로 사용된다. 최근 대중문화와 소비문화의 성장과 도전이 기독교 선교에 긍정적 또는 부정적 영향을 끼치고 있기 때문에, 문화를 통한 복음전파와 문화 자체의 변혁을 위한 노력은 21세기 교회의 주요 관심사가 되어야 할 것이다.

변화하는 세상에서도 여전히 희망이요, 구원의 방주이어야 할 교회는 복음적 정체성을 더욱더 명확히 하면서도 세상에 대해 연구하고 또 배워야 한다. 교회는 세상과 동떨어져 존재할 수 없기에, 세상의 변화에 민감하게 반응해야 한다. 세상에 거하지만 세상에 속하지 않기 위해서는 세상의 문화와 흐름에 지혜롭고 민감하게 반응해야 한다. 간혹 아직 준비가 부족하기 때문에 변화하는 세상의 문화를 두려워하거나 거부하는 태도를 보이는 교회나 성도들이 있을 수 있으나, 기본적으로 세상을 이기는 복음의 능력과 가능성을 포기해서는 안 된다.

　태초부터 문화를 통해서 역사하시고 선교적 목적을 수행하시기 원하셨던 하나님의 경륜을 의지하고, 모든 것이 하나님의 주권 아래 있음을 인정할 때 우리의 갈 바를 알 수 있을 것이다. 우리 시대의 변화무쌍한 문화의 도전과 변화를 향하여, 복음에 기초한 변혁적 문화관을 실천할 수 있어야 한다. 바로 이러한 취지 아래 설립된 본 문화선교연구원은 교회로 하여금 문화선교의 필요성을 인식할 수 있게 하고, 실질적으로 문화선교를 수행하기 위한 방법을 연구, 개발하는 것을 목적으로 한다.

　이를 위해서 그간 많은 연구원 조사를 통해 문화선교에 대한 신학적 점검을 시도했으며, 교회가 응답해야 할 여러 가지 문화적 사안들에 대한 논의를 선진적으로 진전시켜 왔다. 이러한 성과를 바탕으로 문화선교를 교회가 직접 실천할 수 있도록 도와야 한다는 요청에 응답하기 위하여 2003년 『문화선교의 이론과 실제』를 기획 출판하였으며 이를 통해 교회의 문화선교에 기여하고자 하였다. 한편 급변하는 문화적 흐름에서 문화선교의 흐름 및 과제의 변동에 따라 『문화선교의 이론과 실제』의 개정판에 대한 필요성이 대두되어 7년여 만에 개정증보판을 기획 출판하게 되었다. 특별히 이번 개정판에서는 새롭게 감당해야 할 문화사역의 영역과 함께, 문화사역을 활발하게 실천하고 있는 새로운 교회들을 발굴하여 소개하는 데 주안점을 두었다.

　이 책의 기획 의도는 마찬가지로 교회가 문화선교를 수행하기 위해서 점검하고 고민해야 할 이론적 기반들과 함께 실제로 문화선교를 실천하고 있는 모범적 사례를 근거로 실제적인 방법론을 알려 주는 데 있다. 특별히 이번 개정판에서는 교회의 실천사례에 좀 더 무게 중심을 두고 기획 집필하였는데 1부는 임성빈, 박세종 두 사람의 글을 모아 문화선교의 이론적 기초를 살필 수 있도록 구성하였고 실제를 다루고 있는 2부는 문화의 각 영역에 대한 진단과 과제를 통해 현대 교회가 포착해야 할 문화흐름의 동향 및 과제에 대해 다루었다. 3부에는 문화선교를 실천하기 위해 실제적인 매뉴얼을 소개함으로써 문화선교에 대한 보다 실질적인 도움을 제공하고자 하였으며 아울러 현재 문화선교를 실천하고 있는 교회들을 선별하여 문화선교사역의 구체적인 현장을 스케치하고자 하였다. 마지막으로 부록으로 문화매거진《오늘》에 실린 "문화선교 리포트"를 모아 생생한 소식을 전하고자 하였다.

    이러한 작업을 진행하는 데 있어서 많은 이들의 손길과 노력이 있었기에 감사를 빼놓을 수 없다. 독일에서 공부한 문화이론을 통해 문화선교의 새로운 과제를 제시해 준 박세종 박사, 전반적인 자료조사와 정리를 해 준 박상규 목사, 강영롱 전도사, 박무식 전도사, 정동현 전도사, 이춘성 전도사, 정동현 전도사, 지근배 전도사에게 감사를 전한다. 그리고 문화선교연구원의 스텝들의 수고를 빼놓을 수 없다. 그리고 무엇보다 이러한 성과물들을 출판가능하게 해 주신 예영커뮤니케이션의 김승태 사장님께 감사의 말씀을 드린다.

2011년 3월
문화선교연구원장

임성빈

차례

머리말 _ 5

1부 : 문화선교 이론편

1장 기독교적 문화관의 형성을 향하여:변혁적 문화관을 중심으로 _ 13
2장 문화선교란 무엇인가? _ 35

2부 : 문화선교 실제편

1장 영상문화의 현실진단과 교회의 문화선교적 과제 _ 65
2장 전통문화의 현실진단과 교회의 과제 _ 75
3장 Eco 시대 속에서 교회가 나아갈 문화선교전략 _ 93
4장 문화선교의 그린 오션, 사회적 기업 _ 103
5장 문화선교의 새로운 패러다임: 기독교 뮤지컬 _ 113
6장 다문화, 새로운 문화선교의 영역 _ 121
7장 교회 문화센터(문화선교)의 현실진단과 과제 _ 133
8장 소비문화시대 속에서 교회의 문화선교전략 _ 141

3부 : 문화선교 실제적 준비와 실행편

1장 교회 내에서 문화선교의 실제적 준비와 실행 _ 153
2장 교회 문화선교 실천사례 _ 169

    1. 거룩한빛광성교회 / 2. 본교회 / 3. 조치원제일장로교회 / 4. 가나안교회 / 5. 문래동교회 / 6. 쌍샘자연교회 / 7. 국수교회

부록: 문화선교 리포트 _ 219

1부
문화선교 이론편

기독교적 문화관의 형성을 향하여:
변혁적 문화관을 중심으로

임성빈
(문화선교연구원 원장 / 장로회신학대학교 교수)

1. 시대적 요청, 기독교적 문화관의 형성

한국 기독교가 한국사회의 근대화 과정에서 긍정적 영향력을 발휘한 것은 사실이다. 그러나 오늘날에 이르러 한국사회 안에서 교회의 영향력이 여전히 긍정적인 방향으로 증가하고 있다고 평가하기는 쉽지 않다. 교회가 사회 통합적인 순기능을 담당하기보다는 오히려 갈등 조장의 역기능을 하고 있다는 극단적인 평가마저 등장하고 있는 실정이다.

교회에 대한 사회의 부정적 평가들이 등장하게 된 데에는 여러 가지 요인들이 있다. 그중 무엇보다도 기독교인들의 복음에 대한 열정이 약화되었다는 것과 그로 인해 복음적인 삶을 살아가지 못하고 있다는 점을 들 수 있다. 명목상의 기독교인들(nominal christians)은 증가하였지만 그들의 신앙과 이분법적인 삶은 개인과 사회윤리 영역에서 한국 기독교의 대사회적 공신력을 떨어뜨리는 결과를 초래하였다. 이와 함께 반드시 지적되어야 할 요인은, 교회가 사회와의 접촉점이라고 할 수 있는 문화에 대하여 확고한 입장과 태도를 취하지 못하고 있다는 것이다. 본 소고의 우선적인 관심은 문화에 대한 기독교적 관점을 정립함으로써 기독교적 문화형성을 통한 한국 기독교의 정체성 확립과 대사회적 책무를 모색함에 있다.

세기적 전환기를 넘어 21세기 다원화된 사회 속에서 한국사회는 근대사회를 상징하는 모더니즘이 정착되기도 전에 포스트모더니즘이라고 하는 후기 현대사상이 깊숙이 유입되어 소비문화와 함께 대중문화를 형성, 풍미하면서 자라나는 세대들에게 결정적인 영향을 미치고 있다. 가정에서는 여전히 유교적인 도덕에 기초한 전근대적 가치관과 교육이 강조되고 있으나, 학교에서는 이성에 바탕을 두면서 자율적인 삶을 지향하는 근대주의적 교육이 행해지고 있고, 사회에서는 '억압으로부터의 저항' '다원성의 추구' '전통에의 강조' 등의 삼중적 양상으로 상징되는 포스트모더니즘적 문화가 횡행하고 있다. 이러한 문화적 혼란 및 갈등 현실은 결국 가정에서는 부모의 권위를, 학교에서는 교사의 권위를 위협하고 있다. 젊은 세대들에게 결정적인 영향력을 발휘하는 것은 다름 아닌 포스트모더니즘적 대중문화이기 때문이다. 대중문화의 스타들이 부모나 교사보다 젊은 세대들에게 훨씬 강한 영향력을 미치고 있는 사회현실은 이러한 주장을 뒷받침하여 준다.

더욱이 한국사회는 21세기에 가속화되어 가고 있는 세계화(globalization) 속에서 지역 주체적 문화의 상실위기와 부익부 빈익빈의 사회적 이분화의 심화현상과 함께, 모든 것을 상품화하고 사람의 가치를 구매력으로 평가하려는 소비주의 문화에 매몰되어 가고 있다. 이러한 사회적 위기 속에서 이 시대는 민족문화의 정체성과 세계 시민으로서의 문화를 동시에 담보할 수 있는 문화의 형성과 정의로운 문화통합을 요청하고 있다. 오늘날 한국교회의 성장이 정체되고, 대사회적 영향력 및 지도력이 위기를 맞고 있는 것은 새로운 시대적 과제에 교회가 제대로 응답하고 있지 못하기 때문이 아닐까?

이러한 현실 속에서 가장 우선적으로 요청되는 것은 기독교적 문화관의 형성이다. 기독교적 문화관의 확립은 기독교적 세계관과 가치관을 전제로 한다.[1] 한국교회는 기독교적 문화관의 확립을 통하여 문화적 수용력과 변혁 능력을 배양시킬 수 있다. 기독교적 문화관의 정립은 사랑과 정의에 기초한 한국사회의 문화통합을 위해 한국 기독교가 해결해야 할 시대적 과제이다. 그러므로 이제 한국교회는 기독교적 문화관의 수립과 제반 문화의 영역별 복음화에 새로운 선교적 열정을 가지고 참여하여야 한다. 우리는 이러한 실천을 문화선교라고 부를 수 있다. 즉, 문화선교란 문화의 모든 영역을 복음적 정신과 실천으로 변혁시킬 수 있는 역량을 가진 기독교 문화를 형성하여 하나님의 나라를 이 땅에 실현하려는 선교적 실천을 의미한다.

이 책은 이러한 문화변혁적 관점에서 올바른 기독교 문화관의 형성을 모색하기 위해 기획되어 초판에 이어 수정판을 내게 되었다. 무엇보다 현대 한국교회와 사회를 위하여 필요한 것이 문화변혁적 선교이다. 문화변혁적 관점이란 이 세상에 대한 하나님의 주권을 인정하는 개혁신학적 전제 위에서, 적극적인 복음을 통한 문화와의 만남 및 변혁을 시도하려는 태도를 의미하는 것이다. 이 관점 안에는 급변하게 변해 가

---

1) David J. Hesselgrave, Communicating Christ Cross Culturally: An Introduction to Missionary Communication(Zondervan Publishing House: Grand Rapids Michigan, 1991), p.103.

는 한국사회 속에서 문화와의 만남을 통하여 기독교의 복음을 보다 구체적으로 접근할 수 있는 유용성이 존재한다.

2. 기독교적 문화관이란 무엇인가?

우선 한국교회가 문화에 관심을 기울여야 하는 이유는 교회와 사회가 바로 이 문화를 통하여 만나기 때문이다. 물고기가 물속에서 살아가듯이, 사람들은 문화 안에서 살아간다. 우리가 하나님을 찬양하는 것도, 하나님의 말씀을 선포하는 것도 문화 안에서 이루어진다. 물론 신앙인다운 삶과 선교도 문화 안에서 행하여지는 것이다. 그러므로 신앙인으로서 문화에 관심을 가진다는 것은 매우 자연스러운 일이며 당위적인 것이다.

1) 복음과 문화의 만남?

어떤 이들은 복음과 문화는 상극적인 관계에 있다고 말한다. 그들은 아테네와 예루살렘이 무슨 상관이 있느냐고 반문하는 반면 다른 어떤 이들은 복음은 문화 안에서, 문화를 통해서만 의미를 갖는다고 말한다. 그들은 복음과 문화를 동일시할 만큼 문화의 중요성을 강조한다. 전자는 복음의 정체성을 지키기 위하여 문화를 위협적인 존재로 파악함으로써 문화에 대한 하나님의 주권을 약화시키는 결과를 초래할 수 있다. 이에 비하여 후자는 온 우주에 대한 하나님의 주권을 강조함으로써 악의 존재나 복음의 초월적 의미를 상실할 수도 있다.

우리가 항상 전제하여야 할 문화에 대한 복음적 관점의 초석은 복음의 진정성에 대한 기준으로서의 보편성(catholicity)과 맥락성(contextuality)이다. 복음의 진정성 안에서 문화를 바라보는 관점, 즉 기독교적 문화관의 정립을 위하여 먼저 성경을 읽어야 한다. 기독교인으로서 성경이 문화에 대해 무엇이라고 말하는지 우선적으로 고려하는 것은 당연한 일이다. 창세기로부터 시작되는 성경의 증언에 따르면, 문화는 하나님의 은혜의 결과이자 인간의 자유와 창의성의 열매이기도 하다.[2] 그러므로 문화는 본질적으로 그 자체가 선하거나 악한 것은 아니다. 단지 잠재적으로 양자 모두가 될 수 있다. 이것이 문화를 이해하는 복음적 관점을 위한 보편성이다.

하지만 문화에는 모호성(ambiguity)이 항상 존재한다. 사실, 성경 안에서 문화에 대한 매우 다양한 입장들을 발견할 수 있다. 예컨대, 지혜서는 문화를 긍정적으로 보는 데 반하여 예언서는 대체로 부정적인 입장을 취하고 있음을 발견할 수 있다. 이처럼 문화를 대하는 다양한 관점은 리처드 니버(Helmut Richard Niebuhr)의 『그리스도와 문화』라는 책에 네 가지 유형론으로 잘 정리되어 있다. 비록 니버가 변혁적인 문화관을 선호하고 있는 것은 사실이지만, 나머지 유형들에 대하여서도 나름대로의 장점을 지적했다는 것을 간과하지 말아야 한다. 즉, 문화를 대하는 기독교적 관점의 정체성은 있어야 하지만, 기독교적 문화관이란 반드시 이러한 것이어야 한다는 공식화는 자칫 율법적이고 배타적인 문화관을 확산시킴으로써 교회를 사회로부터 게토(ghetto)화시킬 수도 있다. 이것은 또한 문화를 이해하는 데 있어서 복음의 진정성으로

---

[2] Christopher Durasingh, Called to One Hope: The Gospel in Diverse Cultures (Geneva : WCC publications, 1998), p.31.

부터 주어지는 두 번째 기준인 맥락성에 기인할 수 있다.

무엇보다 우리가 각별히 주목해야 할 것은 문화의 모호성(The ambiguity of culture)이 기독교인의 메시지와 대상 문화가 충돌할 때 발생하는 갈등이나 모순의 성격에 작용하게 된다는 사실이다. 예컨대, 단순한 생활양식의 차이에서 갈등이나 모순이 발생할 수도 있으며, 때로는 진리와 관계되는 차이에서도 갈등이 발생할 수 있다. 우리의 삶에서 발생하는 모든 문제가 반드시 진리 대 비진리의 영적전쟁으로 나뉘는 것은 아니라는 점을 기억할 필요가 있다. 문화의 모호성은 기독교인들에게 항상 성령의 능력에 힘입은 분별력을 요청한다(갈 5:22-23). 자칫하면 단순한 문화적 차이로 인한 갈등을 자기 문화 중심적 관점에서 영적전쟁으로 받아들일 수 있기 때문이다.

2) 기독교적 문화관의 전제인 기독교적 세계관

사람들이 세상을 다르게 인식하는 것은 실재에 대하여 매우 다른 전제들을 가지고 있기 때문이다. 예컨대, 대부분의 전통적인 서구인들은 자신들 바깥에 존재하는 세상을 생명 없는 물질들로 이루어진 세계로 인식한다. 그러나 남아시아인은 그러한 세계란 실재로는 존재하지 않으며, 환상일 뿐이라고 생각한다. 이렇게 특정한 문화에 대한 믿음이나 태도의 배후에 자리한 기본적 전제[3]들을 '세계관'이라고 부른다. 이러한 전제들은 당연한 것으로 받아들여지기 때문에 점검되지 않을 뿐만 아니라 대부분 암시적으로 의심 없이 받아들여진다. 그러나 그것들

---

3) Paul Hiebert, Anthropological Insights for Missionarie(Grand Rapids: Baker, 1985), p.45.

은 마음 깊은 곳으로부터 우러나오는 감정에 의하여 강화되며, 그것에 도전하는 사람들을 공격하게 한다.

이러한 세계관은 문화의 세 가지 차원, 즉 인식적 차원, 감정적 차원, 가치적 차원 모두에 걸쳐 기본적인 전제를 제공하며, 무엇보다도 문화의 저변에 자리한 전제들을 통합하는 기능을 한다. 즉, 세계관은 그 문화의 구성원들에게 세상을 바라보는 나름대로의 정합적인 눈을 제공한다. 세계관의 기능은 다음과 같이 분류된다.

① 세계관은 구성원들에게 인식론적인 토대를 제공한다. 클리포드 기어츠(Clifford Geertz)의 지적대로 세계관은 사물에 대한 인식을 조직화함으로써 우리로 하여금 사물에 대한 일종의 지도 내지는 모형을 그릴 수 있도록 해 준다.
② 세계관은 우리들에게 정서적인 안정을 제공한다. 세계관은 기근이나 병이나 죽음과 같은 요소들에 고유의 의미를 부여하고, 그것을 통해 우리들에게 굳건한 정서적 안정감을 준다. 예컨대, 죽음마저도 순교로 받아들일 수 있게 하는 기독교적 세계관이 그 좋은 예이다.
③ 세계관은 가장 깊은 의미에서의 문화적 기준을 정당화한다. 그러므로 우리의 행동 기준을 제공하는 모형이 된다.
④ 또한 세계관은 우리의 문화를 통합시켜 준다. 그것은 우리의 사고와 감정과 가치들을 하나의 전반적인 구도 안에서 조직화시켜 준다. 이러한 조직화는 우리에게 그 문화 안에서 통일된 사물에 대한 견해를 제공하여 깊은 감정적 확신을 갖게 한다.
⑤ 찰스 크래프트(Charles H. Kraft)가 지적하였듯이 세계관은 문

화변동을 감지하도록 도와준다. 즉, 우리의 세계관은 우리들로 하여금 특정한 문화적 흐름이나 현상들을 받아들이게도 하며, 거부하게도 한다. 또한 우리가 그것들을 우리의 전반적인 체계 안으로 흡수할 수 있도록 재해석하는 역할도 한다.

⑥ 그러나 세계관 자체도 변화한다는 사실을 인식해야 한다. 왜냐하면 어떠한 세계관도 그 자체로 완전히 통합되어 있지는 않기 때문이다. 부적절한 측면이 혼재되어 있는 상태에서 어떤 특정한 한도에 이르면 새로운 세계관을 찾게 되는데 이때가 곧 세계관의 변혁시점이라고 볼 수 있다. 사실 우리는 점진적인 세계관의 변혁 속에서 살아가고 있다.[4]

우리나라에서도 다원화 시대의 도전에 대한 기독교적 대응의 하나로 이른바 기독교세계관운동이 활발하게 전개되고 있다. 특별히 문화선교의 현장에서는 이러한 기독교세계관운동에 힘입어 활발한 참여가 이루어지고 있다.

그러나 이제 우리는 세계관에 대한 분석을 통하여 다음과 같은 점을 생각해 보아야 할 것이다. 과연 기독교적 세계관이란 무엇이며, 그것은 그 자체로 충분한 것인가? 사실 모든 종류의 세계관은 나름대로 종교적 성격을 가지고 있다. 각각의 세계관은 그 추종자들에게 적어도 다음의 네 가지 궁극적 질문에 대한 답을 제공한다. 그중 첫 번째는 '우리의 존재근원'에 대한 물음이다. 두 번째는 '우리가 누구인가'라는 물음이다. 즉, 인간의 본성과 존재의미에 대한 질문이라고 할 수 있다. 세 번째는 '무엇이 잘못되어 있는가'의 물음이다. 이것은 '이 세상의 악과

---
[4] Ibid., pp.48-49.

왜곡되고 깨어진 삶을 우리가 어떻게 이해하고 설명할 수 있는가'에 대한 것이다. 네 번째는 '그렇다면 무엇으로 치유될 수 있는가'라는 물음이다. 이것은 '우리의 왜곡되고 잘못된 삶이 어떻게 온전한 삶으로 회복될 수 있을 것인가'에 대한 질문이다.

이러한 질문들에 대한 기독교적인 답을 제공하는 것이 곧 기독교적 세계관이라고 볼 수 있다.[5] 여기에서 우리가 기억해야 할 것은 무엇보다 기독교적 세계관이 기본적으로 성경의 이야기를 통하여 제공된다는 점이다.

① 성경은 먼저 우리 자신의 존재와 본성에 대한 질문에 창조 이야기를 통하여 대답한다. 나아가 창조 이야기는 우리 인간들뿐만이 아닌 세상창조와 그 의미에 대해서도 말하고 있다. 성경은 하나님 창조의 선함을 확인시켜 준다. "하나님이 지으신 그 모든 것을 보시니 보시기에 심히 좋았더라"(창 1:31전). 성경은 먼저 물질세상이 하나님에 의해 창조되었고, 하나님께서 그것을 보시며 기뻐하셨다는 사실을 증거하고 있다. 이것은 이 세상의 근본적인 가능성과 소망을 예시하는 것이다.

② 또한 성경의 창조 이야기는 인간이 청지기로서의 책임을 갖고 있다는 것과 하나님의 관심과 섭리의 대상이 온 우주라는 것을 증거한다. 즉, 우리가 누구인가를 묻는 두 번째 질문에도 분명한 답을 제시하고 있다. 이러한 창조에 대한 증거를 통하여 기독교 문화관의 관심영역과 기본적 태도를 추론할 수 있다. 즉, 하나님께서 존재하는 모든 것을 창조하셨기 때문에 이 세상의 어떤 것도 그의 주권

---

5) Robert J. Banks & R. Paul Stevens, The Complete Book of Everyday Christianity (IVP, 1997), p.137.

적 질서 밖에 존재할 수 없다. 모든 창조는 하나님의 거룩한 덮개(sacred canopy) 아래 놓여 있다. 그 덮개는 매우 넓은 것이어서 모든 사회, 정치, 경제, 가정, 개인적인 삶 그리고 인간과 자연의 관계성을 포괄한다. 그러므로 문화는 하나님의 거룩하신 주권과 질서 안에 있는 것이다. 이른바 성(聖)과 속(俗)을 이분법적으로 구별하는 것은 불가능하다. 우리의 신앙과 문화는 결코 분리되는 것이 아니다. 문화에 대한 신앙적 삶의 중요성을 재삼 강조하여야 한다.

③ 성경은 동시에 선악과로 상징되는 타락사건을 통하여, 타락과 그로 인한 죄의 핵심에 하나님 없이 하나님처럼 되고자 하는 인간의 자기중심성이 자리함을 증거함으로써 세 번째 질문에도 대답한다. 또한 하나님이 보시기에 좋았다고 말씀하셨던 세상 역시 이제는 하나님 중심적이 아닌, 육신의 정욕과 안목의 정욕과 이생의 자랑을 추구하기 위한 도구로 왜곡된 현실을 인식하게 된다.

④ 그러나 성경은 인간과 세상이 죄에 빠져 있을 때조차도 하나님의 은혜가 지속되고 있음을 증거한다. 하나님과 노아, 아브라함, 모세, 선지자들과의 언약을 통해 인간의 죄에도 불구하고 인간뿐만 아니라 동물을 포함한 이 세상의 구원을 원하시는 하나님의 마음을 알 수 있으며, 동시에 하나님과 인간 사이의 언약의 영역이 삶, 즉 문화의 모든 측면에 이르고 있음을 확인할 수 있다. 이러한 치유는 예수 그리스도의 사역에서 그 절정에 이른다.

3) 기독교적 문화의 내용

성경이 증거하는 기독교적 세계관은 다음과 같은 내용을 그리스도인들의 문화 안에 담을 것을 제안한다.

① **하나님 나라**

예수께서 전파하신 하나님 나라는 하나님의 뜻에 따라 통치되는 영역을 의미하며, 그것은 우리 가운데에 있다. 그러므로 우리는 창조 이후에 인간의 손길이 더하여진 모든 영역인 문화 가운데에도 하나님 나라가 임하여야 함을 확인할 수 있다. 그리스도의 중심 메시지는 하나님 나라였다. 하나님 나라의 개념은 하나님께서 피조세계 속에서 지속적으로 역사하시며, 결국에는 역사 안에서 이 세상을 구원하신다는 내용을 담고 있다. 하나님 나라는 하늘에서와 같이 이 땅에서도 이루어져야 한다. 그러므로 하나님 나라는 개인과 사회적인 차원에서의 평화, 정의, 자유, 건강 등과도 관계가 있다.[6]

또한 하나님 나라는 하나님의 뜻대로 통치되는 영역을 의미한다. 그러므로 하나님께 영광을 돌리고, 이웃을 사랑하며 살아가는 공동체로서의 성숙한 변혁운동은 하나님나라운동의 핵심이 된다. 하나님께서는 자신의 삼위일체적 존재하심과 역사하심으로 우리에게 하나님 나라의 본질적인 모습을 나타내 보여 주셨다. 그러므로 성부, 성자, 성령 간의 교제로 이루어지는 삼위일체 하나님의 존재하심과 역사하심은 문화선교가 지향하는 하나님 나라 공동체의 표본이다. 성부, 성자, 성령 하나님께서 사랑과 교제 안에서 하나 되신 것을 본받아 서로 간의 차이와 그에 따른 다양성을 사랑과 교제로 받아들이고 하나 되는 삶이 우리 문화 안에서 실천적으로 증거되어야 할 것이다.

---

6) Ibid., p.18.

② 생명 중심의 생태학과 공동선

'하나님 나라'의 개념은 문화에 관심 있는 신앙인들에게 그 당위성과 참여범위 그리고 바람직한 참여태도에 대해 말해 준다. 그러나 그것은 매우 신학적인 개념으로서, 아직 많은 이들이 비그리스도인들로 구성되어 있는 남과 북의 문화통합 작업에 직접적으로 적용하기에는 어려움이 있다. 이때 사회 윤리적인 차원에서 우리가 차용할 수 있는 것이 '공동선(common good)'[7]의 개념이다.

이 사상에 따르면, 사람들은 궁극적인 목적이 되시는 "하나님께로 정하여져 있다(ordained to God)." 각각의 사람은 하나님, 즉 신적인 초월성의 전체라고 할 수 있는 위대한 선인 공동선과 관계되어 있다. 그러므로 우리의 모든 행동은 인간과 하나님 간의 연합을 궁극적인 목표로 하여야 한다. 우리가 추구하는 선들 중 일부는 공동적인 것이고 일부는 사적인 것이다. 공동선은 사회적이고 관계적이며 본질적으로 선하다. 즉, 그것 자체로서 선한 것이라고 할 수 있다.

이에 비하여 사적인 선들은(private goods) 도구적으로 선하다. 그 자체로서가 아닌 어떤 다른 유익을 위한 것이다. 그것들은 인간과 세계의 공동선에 보조적인 역할을 할 때만 선으로 적합하다. 돈, 일용품, 그리고 서비스 등 대부분의 경제적인 물품들은 사적이고 도구적인 것으로 분류된다. 그것들은 그것 자체로서 선한 것이 아니라 다른 것들의 유익을 위해서만 선하다. 예컨대, 음식은 생명을 지속시킨다. 그러나 과

---

7) David A. Krueger, Keeping Faith at Work: The Christian in the Workplace (Nashville: Abingdon Press, 1994), p.65. 일반적으로 '공동선'의 개념은 로마 가톨릭 윤리의 유산으로 알려져 있다. 가장 대표적인 학자는 토마스 아퀴나스(Thomas Aquinas)이며, 자연법 전통으로 이어져 내려오던 이 계보는 20세기에 자크 마리땡(Jacques Martain)으로 연결된다. 그러나 여기에서 공동선의 개념을 차용한 이유는, 첫 번째로 사회 윤리적 차원에서 '사람의 통일'을 위한 교회의 공헌을 논하기 위한 넓은 의미로 이해될 수 있으며, 두 번째로 종교개혁 이전의 신학자인 토마스 아퀴나스와 같은 이들의 사상을 로마 가톨릭의 전유물로 방기할 수 없다는 반성의 의미로 생각해 볼 수 있다.

다한 음식은 폭식을 하게 하고 건강을 잃게 한다. 돈은 생활에 필요한 주택, 의복, 교육 등을 확보하여 인간의 복지를 지속시킨다. 그러나 과다한 돈은 탐욕, 사치생활, 그리고 자아몰두에 빠지게 할 수 있다.

공동체의 선은 개인의 본질적인 인권을 소중히 할 뿐 아니라 사람들로 하여금 자기 자신보다 이웃, 사회, 세상을 향하도록 그리고 하나님을 향한 선을 모색하도록 촉구한다. 공동선은 각 사람들이 자아실현에 도달하도록 도와주는 모든 사회적 선들을 포함한다. 공동선은 인간의 우선성과 남녀의 동등한 존엄성과 권리의 우선성을 주장할 뿐만 아니라, 가장 큰 전체의 일부분이 되는 우리 사회의 본질과 우리 자신보다 더 큰 목적들을 추구하는 우리의 운명을 우선적으로 주장하고 있다. 사회는 단순히 개인적 선들, 이익들, 그리고 인격적인 선택들이 합쳐진 집합체를 넘어선다. 또한 그것은 뇌물을 받으려고 경쟁하는 각 집단을 포함하여 특별한 이익들을 추구하는 불안정한 집합체를 넘어선다. 오히려 정확히 정돈된 사회(그리고 생태계)에서 부분적인 것들은 완전한 하나님의 더욱 큰 선 ― 사회의 공동선, 우주 그리고 신적인 선 ― 을 위해 작용한다.[8]

공동선의 개념은 기독교인들로 하여금 성속 이분법적인 신앙을 극복하게 하고, 신앙인들의 다양한 소명과 헌신을 하나님에 대한 충성으로 연합시킬 수 있도록 하나의 돌파구를 제공하여 준다. 아주 넓은 의미에서 본다면 공동선이란 모든 피조세계를 위한 선으로 이해될 수 있다. 그러므로 공동선은 단지 인간의 생명만이 아닌 모든 생명의 선함을 추구한다는 의미에서 생태학적인 의미를 갖는다. 공동선은 인간과 자연의 조화를 목표로 하여야 한다. '공동선'은 우리의 행위가 우리 자

---

8) Ibid., pp.66-68.

신들과 다른 사람, 다른 종(species), 나아가 우리가 참여하고 있는 전체 생태계에 미치는 영향력에 의하여 판단되어야 함을 말함으로써 '인간 중심적'이며 '욕망 중심적'인 현대문화를 극복한다.

③ 은혜

우리의 문화는 우리의 신앙으로부터 비롯되는 것인가, 아니면 신앙과는 별개의 것인가? 혹은 더 나아가 신앙과는 반대되는 것인가? 우리가 문화의 어느 영역에 죄의 속성이 존재하는가를 물을 수 있는 것과 마찬가지로, 우리는 바로 그곳에서 하나님의 은총의 광채를 발견할 수 있는지를 물을 수 있다. 과연 우리의 문화가 어느 정도로 우리에게 사랑과 정의와 이웃을 향한 섬김을 가능케 하는, 살아 있는 신앙으로서의 삶을 표현하는 기회들을 제공하는가를 은혜의 관점에서 물어야 한다.

④ 인간의 존엄성

"하나님이 이르시되 우리의 형상을 따라 우리의 모양대로 우리가 사람을 만들고"(창 1:26전). 인간의 가치에 그 초점을 두는 인간의 존엄성은 기독교적 문화관의 핵심적인 부분이다. 하나님의 형상대로 창조된 인간이기에 우리는 많은 피조물 가운데서도 특별한 가치와 중요성을 부여받았다. 인간이 창조주의 형상을 따라 지음 받았다는 사실은 모든 인간이 본질적인 존엄성을 갖고 태어났음을 나타내는 신성한 증거가 된다. 인간생명의 신성함은 우리가 다른 사람들을 어떻게 대하여야 하는가를 말해 주기도 한다. 모든 인간관계는 존엄성을 고양시킬 목적으로 진행되어야 하며, 적어도 다른 사람과 우리 자신의 존엄성을 해치거나 축소시키는 것을 의도하여서는 안 된다. 그런 의미에서 기독교적 문화관에는 모든 인간의 존엄성에 대한 존중이 포함되어야 할 것이다.

⑤ 사랑과 정의

"사람아 주께서 선한 것이 무엇임을 네게 보이셨나니 여호와께서 네게 구하시는 것은 오직 정의를 행하며 인자를 사랑하며 겸손하게 네 하나님과 함께 행하는 것이 아니냐"(미 6:8).

"선생님 율법 중에서 어느 계명이 크니이까 예수께서 이르시되 네 마음을 다하고 목숨을 다하고 뜻을 다하여 주 너의 하나님을 사랑하라 하셨으니 이것이 크고 첫째 되는 계명이요 둘째도 그와 같으니 네 이웃을 네 자신 같이 사랑하라 하셨으니 이 두 계명이 온 율법과 선지자의 강령이니라"(마 22:36-40).

만약 신앙인의 소명이 이웃과 공동체(인간과 비인간의 세계를 포괄하는)를 섬기는 것이라고 확신한다면, 사랑과 정의는 이러한 섬김에 있어서 기독교적 문화가 의미하고 요구하는 규범들이라고 말할 수 있다. 과연 우리의 문화 한가운데서 사랑과 정의를 행한다는 것은 무엇을 의미하는가?

우리는 여기에서 기독교인의 사랑과 그것의 삶으로서의 적용이 뜻하는 바를 예수님의 생애와 가르침으로부터 찾아볼 수 있다. 예수님의 삶은 우리에게 이기심을 극복한 자기희생적 사랑의 전형인 아가페의 사랑을 보여 준다. 그 사랑은 자기 자신의 필요를 포기하면서까지 이웃의 유익을 위하여 섬기는 삶을 살도록 했다. 그 사랑은 무한정 넓고 또한 무조건적이다. 예수님께서는 죄인들과 약한 자들과 병든 자들과 사회적으로 인정받지 못하는 모든 사람들에게 그의 긍휼을 나타내시고 또한 선포하셨다. 그의 삶은 인류를 향한 하나님의 끝없는 사랑을 반영한 것으로 보일 수 있다. 예수님의 사랑이 자기중심성을 극복한 자기희생적인 사랑이었다는 사실은 우리의 구원을 위한 십자가의 죽으심으로 확증되었다.

그러나 그러한 사랑이 문화의 영역에서도 실제적으로 구체화될 수 있을까? 라인홀드 니버와 같은 이른바 기독교 현실주의자들은 매우 왜곡된 사회구조 안에서 그 사랑을 직접적으로(directly) 적용하는 것은 불가능하다고 주장한 바 있다. 이웃의 유익을 구하는 것이 사랑의 목적이므로 정의를 통하여 간접적으로(indirectly) 영향력을 미칠 수 있도록 해야 한다는 것이다. 무조건적으로 이웃의 유익을 구하는 사랑은 조건적으로 이웃의 유익을 모색하는 정의로 전환되어야 한다. '실제'의 세계에서 사랑은 죄와 악, 또한 상호 배타적이며 상호 경쟁적인 주장들과 부딪히기 때문이다. 그러므로 이웃의 유익을 위하여 섬기는 삶은 결국 우리에게 정의를 추구하는 삶을 요구한다.

4) 복음과 문화의 상관관계

① 긴장관계를 창조적으로 조화시키는 세 가지 원칙

이제 문제가 되는 것은 복음과 문화의 건설적인 관계정립이다. 왜냐하면 문화는 복음전파의 매개체이자 대상이기도 하기 때문이다. 언어, 문자를 비롯한 각종 매개물들의 도움 없이 복음이 전파될 수는 없다. 초대 한국교회 선교의 활발함은 당시 교회가 문화에 대한 주도권을 쥐고 있었다는 데 그 이유가 있다. 근대문화의 수용과 보급, 한글 사용에 앞장섰던 교회가 사회적으로도 지도력을 발휘할 수 있었던 것이다. 이러한 관점에서 볼 때 지금의 한국교회의 대사회적 지도력 부재와 교회성장의 정체, 즉 하나님 나라의 구체적 실현의 부진함은 현대문화에 대한 수용력과 지도력의 부재를 의미한다.

그러므로 이제 요구되는 것은 문화에 대한 신앙적 태도이다. 우리는 그것을 하나님 중심적인 변혁적 문화관이라 부를 수 있다.

가. 복음 대 문화

'변혁적'이라 함은 무엇보다도 먼저 이 세상문화에 깃들여 있는 죄성을 간과하지 않는 매우 현실적인 태도와 관점을 의미한다. 여기에서 강조되는 복음적인 문화접근은 복음 대 문화(Gospel Versus Culture)의 관계로 정리할 수 있다. 이러한 관계의 내용을 정리하면 다음과 같다.

첫째, 복음은 반드시 인간이 만들어 낸 모든 형태의 문화와 구별되어야 한다. 이것은 어떤 특정한 문화가 복음으로 동일시되어서는 안 된다는 것을 의미한다. 그러므로 나와 다른 문화들이라고 해서 일방적으로 정죄해서는 안 된다. 둘째, 복음과 문화를 동일시하는 것은 자칫 서구의 제국주의적 선교태도를 연상시킬 수 있다. 셋째, 복음과 문화를 동일시하면 죄마저 상대화시키는 경향을 낳게 된다. 여성이 바지를 입는 것을 죄악시했던 문화를 비판한다고 할 때, 자칫하면 죄의 개념까지 상대화시킴으로써 오늘날의 모든 문화적 현상을 정당화하게 되는 경향이 나타날 수 있다. 문화를 심판하는 복음의 기준을 분명히 할 필요가 있다.

나. 문화 안의 복음

그러나 변혁적인 문화관은 이와 동시에 '그럼에도 불구하고' 그 모든 것들에 대한 하나님의 주권을 인정한다. "하나님께서 지으신 모든 것이 선하매 감사함으로 받으면 버릴 것이 없나니"(딤전 4:4). 이러한 태도는 문화 안의 복음(The Gospel in Culture)으로 상징될 수 있다. 비록 복음이 문화와 구별된다고 하더라도 복음은 문화 안에서 전파된다는 것을 잊어서는 안 된다. 언어와 상징, 그리고 의식 등의 문화적 매개를 통하지 않고서는 우리가 복음을 전하거나 받을 수 없다. 복음은 문화의 모든 차원, 즉 인식론적 차원에서 이해되어야 하며, 하나님의 신비는 정서적인 차원에서 경외감으로써 경험되어야 한다. 가치의 차원에서 복음은 그 믿는 자들이 복음에 합당한 응답을 하도록 도전하는 것이다.[9]

다. 문화를 통한 복음

이와 함께 강조되어야 할 것은 "하나님의 말씀과 기도로 거룩하여짐이라"(딤전 4:5)는 종말론적 소망과 태도이다. 이것은 복음에서 문화로(The Gospel to Culture)의 자세를 요구한다. 복음은 모든 문화의 변혁을 요구한다. 죄로 물든 문화가 온전히 하나님의 주권 아래 속하도록, 즉 하나님 나라가 온전히 임하고 문화는 그 아래 놓이도록 복음은 문화의 변혁을 요구한다.[10]

---

[9] Paul Hiebert, op. cit, p.54.
[10] 임성빈, "새천년을 맞는 한국교회의 과제로서의 문화선교", 『21세기와 문화선교』(한국장로교출판사, 2000), p.13.

② 변혁적인 문화작업의 요청

복음이 문화에 관심을 가질 수밖에 없는 이유 중 하나는 왜곡된 문화가 복음의 전파를 가로막을 뿐만 아니라 복음을 왜곡시키기 때문이다. 그러므로 그러한 왜곡된 문화를 바로잡고 복음전파의 길을 평탄케 하기 위한 작업이 필요하다. 문화를 통한 하나님 역사의 최종적인 목적은 모든 사람을 위한 해방과 생명, 그리고 하나님에 대한 앎을 가져오는 것에 있다(요 10:10, 17:3). 이러한 목적을 위한 노력을 변혁적 작업이라고 부를 수 있다.

가. 변혁적 작업이란 말씀이 육신이 되었듯이 복음이 선포되는 곳에서 그것이 문화로 성육화됨을 의미한다(요 1:14). 그러나 복음은 항상 특정한 문화에 종속되는 위험에 처할 때도 있으며, 또한 정치적 목적을 위하여 오용될 수도 있다는 점을 잊지 말아야 한다.

나. 그러므로 우리는 문화에 있어서 하나님의 영광을 향한 지침과 방향성을 제공하는 존재로서의 복음의 초월성을 항상 우선시하여야 한다.[11]

다. 변혁이란 복음이 선포되는 곳에서 문화의 특정한 요소들을 정화(purification)시키는 것을 의미한다. 즉, 변혁이란 억압적 측면이 있는 문화적 요소들로부터 세상을 자유하게 하는 것이다. 예컨대, 다메섹 도상에서의 바울의 특별한 체험(행 9:1-19)은 종교적 편견으로부터의 해방을 의미하는 것이다.[12]

라. 복음에 의하여 초래되는 변혁은 온 집안을 밝히는 빛(마 5

---

11) Durasingh, op. cit, p.34.
12) Ibid., p.35.

:15)과 같다. 그러므로 변혁이란 사람들에게 복음과 자신들의 고유한 문화에 대하여 깊은 통찰력을 가지도록 도전하는 것을 말한다. 교차 문화적 차원에서는 그리스도에 대한 경험과 복음이 증거되는 현장의 문화적 가치와 상징에 대한 신실한 증거가 동시에 요구된다. 복음은 해방의 메시지를 선포하는 것을 통하여 개인의 정체성을 확증하여 줌과 동시에 새로운 성령 공동체로의 편입을 확증한다(행 4:32-35).

3. 문화변혁 작업을 통해 항상 개혁되기 위한 교회를 지향하며

수천 년에 걸친 장구한 한국 역사는 매우 풍부한 종교·철학적 사상들에 기초한 문화적 유산들을 한국인들에게 끊임없이 제공하였다. 이러한 문화의 기저에 자리하고 있는 종교사상들과 그에 동반하는 철학적 존재론과 인식론은 한국인들이 기독교를 접하였을 때 준거적, 혹은 준비적인 역할을 하였다고 볼 수 있다. 왜냐하면, 기독교가 한반도에 전파될 당시인 18~19세기의 한국인들은 결코 문화적인 진공상태에 있었던 것이 아니기 때문이다. 우리는 기독교가 한반도에 소개될 당시의 문화적 정황 속에서 믿음의 선조들이 채택하였던 기독교적 문화형성의 한 예를 통하여 한국 기독교가 추구하여야 할 문화변혁 작업의 중요한 지침을 제공받을 수 있다. 그것은 바로 유일하신 우리 주 여호와를 '하나님'으로서 받아들인 사실을 의미한다.

사실 기독교의 복음을 알지 못하고 있었던 대부분의 사람들에게 다른 모든 영들보다 뛰어난 존재로서의 '하나님'은 이미 익숙한 개념이었고, 이것은 초대 한국 기독교인들이 유일신으로서의 신 개념을 받아들이는 데 많은 도움을 주었다고 볼 수 있다.[13] 이것은 성경을 한국어로 번역할 때, 결국 신의 명칭을 '하느님'으로 사용하게 된 결정적 계기를 제공한 것이다.[14]

그러나 '하나님'을 기독교 문화에 받아들이는 데는 심각한 논쟁이 있었다. 이러한 논쟁은 우리의 문화와 기독교적 문화관이 대면하였던 좋은 예라고 볼 수 있다. 토착문화로부터 연유한 '하느님'에 담지된 혼합주의적 배경을 염려하였던 언더우드(Underwood)는 성경번역에 있어서 '하느님'의 채택을 반대하였다. '하느님'의 어원의 어근인 '하늘'에서 보듯이 하나님의 어원은 '하늘+님'이다.[15] '하느님'에 대한 관념은 한국인들에게 뿌리 깊은 것이어서 거의 모든 이들이 '하느님'을 현존하는 실재로서 받아들였던 것이다.[16] 선교사들의 관찰에 따르면 대표적인 토착종교인 무속신앙으로부터 유교나 불교신자에 이르기까지 거의 모든 한국인들은 '하느님'을 최고의 신으로서 받아들이고 있었다는 것이다.[17] 그러나 결국 한국 개신교인들은 의미의 성경적 변혁과정을 통하여 하나님을 채택하게 되었다. 한국교회는 오직 유일하게 하나이심을 뜻한다는

---

13) James Gale, *Korea in Transition*(New York : Young People's Missionary Movement of the United States and Canada, 1909), p.78.
14) L. H. Underwood, *Fifteen Years Among the Top-Knots*(New York: American Tract Society, 1904), pp.103-105; cf. J. S. Gale, "Korea's Preparation for the Bible", *The Korea Mission Field*(March, 1912), p.86; 옥성득, "초기 한글 성경 번역에 나타난 주요 논쟁 연구(1877-1939)"(미간행 논문, 장로회신학대학 대학원), pp.22-42.
15) 현요한, 「한국적 신학과의 한의 개념」, 장신논단(장로회신학대학, 1999) 참조. '하나님'의 어원 출처에 대하여서는 이견이 존재한다. 예컨대, 곽노순은 '하나'라는 말이 '하늘'을 나타내는 '하느'에서 왔음을 주장하며 하나님이 아닌 '하느님'이 옳은 표기라고 주장한다. 전택부도 국어학적 견지에서 국어의 변천상 '하나'라는 수사에 존칭 접미어인 '님'을 붙이는 것은 어법상 맞지 않는다는 의미에서 역시 '하느님'을 주장한다. 이들은 모두 '하나'의 어원을 heaven을 뜻하는 '하느'에서 찾고 있다. 왜냐하면 1900년대에 나온 "신약젼셔"에는 '하나(one)'가 '하나로 표기되고 있기 때문이다
16) Charles A. Clark, *Religions of Old Korea*(Seoul : Christian Literature Society of Korea, 1961), p.196.
17) Underwood, The Religions of Eastern Asia(New York : Macmillan, 1910), p.110.

의미에서의 '하나'와 '큰 분'을 나타내는 존칭 접미어로서의 '님'을 합성하였다는 의미에서, 성경에서 야훼로 계시된 그분을 '한 크신 분', 즉 '하나님'이라 고백하였다.[18]

우리는 한국 개신교의 '하나님' 수용과정을 통하여 한국적인 기독교, 즉 한국적인 사상을 복음으로 변혁시킨 매우 교훈적인 전형을 발견한다. 이를 통해 결국 기독교적 문화의 형성이란 창조주 하나님의 우선적 역사를 인정한다는 의미에서, 주어진 문화적 내용과 형식에 대한 변혁작업으로 구체화됨을 확인할 수 있다.

그러나 복음적 문화변혁의 과정은 결코 단순한 일회적 작업을 통하여 완성되는 것이 아님을 다시 한 번 확인할 필요가 있다. 하나님이라는 단어의 어원에 내재하는 이교적 사상들은 '말씀과 기도'로써 그것들을 거룩하게 하려는 노력이 부족할 때면 언제나 다시 부상하여 한국 그리스도인들과 교회를 복음으로부터 멀어지게 하고 있다는 사실을 통해 그 위험성을 보게 된다. 특별히 사회윤리적 책무(accountability)를 신앙과 분리하여 생각하고 현실적으로 복 받기만을 강조하는 경향은, 한국 기독교가 아직도 무교적 영향력에서 자유롭지 못함을 보여 주고 있다. 이러한 영향력 아래 있는 기독교인들에게는 '하나님'이 아직도 산신령과 같은 복음 이전의 '하ᄂ님'인 것이다. 그러므로 우리의 문화 변혁 작업은 "개혁교회는 항상 개혁되어야 한다.(Ecclesia Reformata Semper Reformanda)"는 개혁신앙의 모토를 생활화함으로써 지속되어야 할 것이다.

---

[18] J. S. Gale, Korean Ideas of Go The Missionary Review of the World(September, 1900), p.573; 현요한, "한국적 신학과 '한'의 개념"에서 재인용, 게일은 국어학자 주시경의 도움을 받아 다음과 같은 '하ᄂ님'론을 전개하였다. 우리의 신은 크신 한 분으로 '하ᄂ님'으로 불리는데, '하ᄂ'는 일(一)을 의미하고 '님'은 주(主), 주인, 임금을 의미한다. 한 크신 창조주가 '하ᄂ님'이다. 우리는 그를 천지공사(天地公事)와 연관시키고, 영원한 창조주인 조화옹(造花翁)으로 부른다. 우리는 하ᄂ님은 "지공무사(至公無私)하다" "거룩하시다"라고 말한다.

2장

문화선교란 무엇인가?

박세종
(문화선교연구원 객원연구원 / 캐나다 토론토 예닮교회 담임목사)

1. 들어가는 말

21세기는 문화의 세기가 될 것이라고 많은 미래학자들은 이미 예견을 하였다. 이는 문화가 보다 세상에서 적극적으로 활용되는 사회임과 동시에 문화를 다양하게 누리는 시대가 될 것이라고 보았기 때문이다. 무엇보다 기독교인은 세상에서 한편으로는 문화라는 삶의 자리에서 살아가야 함과 동시에 다른 한편으로는 성경이라는 하나님의 진리라는 가치를 추구해야 하는 이중적 상황에 놓여 있다. 이것은 오늘날 현대사회 속에서 기독교와 문화의 관계가 결코 간과되거나 무시될 수 없는 중요한 사회적 현상임을 의미한다. 이러한 삶 속에 놓인 기독교인들은 기독교의 가치, 즉 성경 속에 나타난 진리와 자신이 속한 삶의 문화 속에 나타난 가치 사이에서 충돌을 일으킬 때 갈등을 느낀다. 이러한 갈등은 겉으로 드러나지 않기도 했지만 내적으로는 상당히 심각한 문제로 나타나기도 했기에 기독교인은 모든 시대에 걸쳐 이러한 문제로부터 아무도 자유로울 수 없었다. 이 주제는 어느 시대나 할 것 없이 다양한 형태로 반복되어 나타났으며 모든 기독교인들이 해결해야 하는 현실적 문제였다.

그래서 문화선교가 최근 한국교회의 귀중한 하나의 사역으로 부각되고 있다. 이미 여러 해 동안 한국교회는 문화선교의 필요성을 공감하면서 많은 결실을 맺어 왔다. 무엇보다 지금 한국교회가 문화선교의 필요성을 인식하게 된 것은 교회가 사회와 적극적인 소통방식을 어떻게 해야 할 것인가를 바르게 이해하였기 때문이다. 여기서 소통[19]이란 텍스트(text)라는 복음을 가지고 컨텍스트(context)라는 문화현장 속에서 하나님 나라를 확장시켜 나가는 행위를 말한다. 교회는 사회와 의사소통하는 것을 기독교 복음을 바르게 전하기 위한 필연적인 과제로 여기게 되었다. 이러한 시대적 과제를 '문화선교'라 말할 수 있다.

무엇보다 기독교인이 문화에 관심을 가져야만 하는 이유는 예수 그리스도의 지상명령[20]에 있다. 이 명령을 지키고 따르기 위하여 이 사회와의 올바른 의사소통이 필요하다. 그리고 그 의사소통을 위한 도구가 문화이다. 문화는 우리에게 없어서는 안 될 필수적인 도구임과 동시에 우리가 살아가고 있는 언어, 행동, 사고를 비롯한 모든 영역이 포함된다. 이러한 문화적 도구를 가지고 이 세상을 향하여 복음을 전하고 하나님 나라를 확장시킬 의무가 그리스도인들에게 있다.

하지만 이러한 문화선교의 필요성을 직시하면서도 문화선교에 대한

---

19) '소통'이란 영어단어 'communication'은 '공통성(commonness)', '공동체(community)', '성찬식(communion)' 등의 단어들과 같은 뿌리를 가지고 있다. 그러므로 의사소통의 의미는 나눔, 동정, 참여, 연합 또는 공통된 믿음의 소유라는 개념과 일맥 같은 의미를 포함한다.
20) 마 28:20, "내가 너희에게 분부한 모든 것을 가르쳐 지키게 하라"

정의와 필요성에 대한 정확한 이해가 어떻게 정립되어야 하는가에 대한 논란은 여전히 분분하다. 왜냐하면 문화선교를 통하여 많은 교회들이 소정의 성과를 거두고 있음에도 불구하고, 문화선교에 대한 다양한 해석들이 과연 얼마나 교회의 궁극적인 목적인 복음전파에 실효성을 거둘 수 있는지에 대한 염려와 문화선교를 통한 교회의 정체성과 필요성에 대한 의문을 제기하고 있기 때문이다. 바꾸어 말하면 교회의 문화선교에 대한 이론적인 체제가 완전히 정립되어 있지 않고, 이론적인 정당화나 뚜렷하고 구체적인 문화선교의 일치된 방향을 제시하기가 어려운 현실에 놓여 있다는 것이다. 이러한 상황을 감안해 볼 때, 한국교회는 이 시점에서 그동안 많이 진행되어 온 문화선교의 방향모색과 정체성을 되짚어 볼 필요가 있다.

2. 문화선교의 정의

문화선교라는 정의를 어떻게 두느냐에 따라 문화선교에 대한 방향성이 달라질 수 있다. 문화의 개념이 20세기 이후 그 의미가 다양하게 확장되었지만 문화는 무엇보다 정신적 차원에 있어서 생명의 가치실현이자 생명의 자기창조이기에[21] 문화의 어떤 모양이라도 인간의 내면의식을 표출하는 것이다. 인간은 본질적인 구성에 있어서 문화적 존재인데, 문화의 창조자임과 동시에 문화의 피조물로서 인식되어야만 한다고 바티스타 몬딘(Battista Mondin)은 말한다.[22] 왜냐하면 인간은 문

---

21) 파울 틸리히, 『문화와 종교』, 이계준 역(서울: 전망사, 1984), p.30.
22) 바티스타 몬딘, 『전환기의 새로운 문화 모색』, 이재룡 역(서울: 가톨릭출판, 2002), p.179.

화에 의하여 형성되는 존재이고, 문화는 인간으로부터 만들어지기 때문이다.

인간의 행위로서 문화를 하나님의 창조적인 행위를 통하여 우리의 세계를 경험하고 변화시키는 것으로 이해할 때, 그것은 곧 기술, 노동 그리고 경제 전반을 통하여 인간세계 속에 있는 모든 삶의 영역 속에서 나타난다. 그러므로 문화가 무엇인가를 바르게 이해하기 위해서는 한편으로는 예술, 음악, 문학 등과 같은 양식들을 통하여 표현된 것을 분석해야 하며, 다른 한편으로는 도덕, 법, 풍속 등과 같은 일상적인 가치관을 통하여 인간의 내면적 의식을 파악해야만 한다. 그러므로 문화란 인간의 모든 삶의 영역 속에 놓여 있는 시·공간 속에서 표현된 총체적인 상황을 의미한다.[23] 이러한 문화의 개념이 20세기에 들어오면서 대중매체를 통하여 확장되었다. 대중매체를 통하여 사회에 확산된 여러 가지 의미와 방법들이 문화양식으로까지 확산되어 버렸다. 이러한 관점에서 교회는 문화선교를 어떻게 시행해야 하는가?

문화선교적 관점에서 바라보는 선교의 개념은 크게 세 가지 측면에서 바라보아야 한다. 첫째, 하나님께서 인간을 지으시고 인간이 살 수 있도록 공간을 허락하신 것이 문화다. 선교는 인간을 대상으로 하지만, 인간이 살고 있는 공간을 통하여 선교하려는 것이 문화선교이기 때문이다. 둘째, 인간 자체에게 복음을 전하는 것으로 복음을 전하기 위한 전달매체가 언어라는 것이다. 즉, 대화를 통하여 선교를 하는 것이다. 이 언어가 바로 문화적 도구인 것이다. 셋째, 문화자체를 선교의 대상으로 삼는 경우이다. H. Burkle은 선교의 정의를 다음과 같이 언급한

---

23) Erwin Fahlbusch(hrsg.), Kultur, Taschenlexikon; Religion und Theologie, Vandenhoeck und Ruprecht, 1983, Gottingen,S. 160, 161.

다: "하나님과 인간 사이에 그리고 사람과 사람 사이에 일어나는 것은 서로 분리될 수 없고, 하나이며, 두 가지 사건은 항상 함께 일어나는 하나의 소통과정이다." 그러므로 선교는 독백(monologue)이 아니라, 대화(dialogue)이며 전적으로 개방을 향한 도전이다.[24]

이에 따라 H. Kramer는 기독교의 본질로서 소통을 수직적 소통(communication of…)과 수평적 소통(communication with…)으로 구분하여 설명하였다. 수직적 소통이 그리스도와 함께 하는 소통이라면, 수평적 소통은 사람들 사이의 소통을 말하므로 이 두 가지가 동시적으로 일어날 때 기독교의 본질을 바르게 전달할 수 있다는 것이다.[25]

지난 10여 년 동안 기독교 문화선교를 주도한 임성빈 교수는 다음과 같이 문화선교를 정의하고 있다. "문화선교란 문화의 모든 영역을 복음적 정신과 실천으로 변혁시킬 수 있는 역량을 가진 기독교 문화를 형성하고 하나님 나라를 이 땅 위에 실현하려는 선교적 실천을 의미한다."[26] 장성배 교수는 문화선교(cultural mission)의 정의를 두 가지 입장에서 설명하고 있다. 첫째는 문화선교사역자들에게 문화의 요소들을 도구로 하여 세상과 복음 간의 소통을 시도하는 것을 지칭하는 것으로 보고 있다. 둘째는 문화자체가 선교의 대상이라는 관점에서 문화를 향한 선교로 이해하고 있다.[27] 또한 김문환 교수는 문화선교는 보다 정의롭고 건전한 하나님 나라의 완성을 향해 나아가기 위한 대사회적

---

24) H.Burkle, Missionstheologie, Kohlhammer, 1979, Stuttgart, S. 85.
25) H. Kramer, The Communication of the Christian Faith(1957), pp.11-12. Dictionary of Mission, p.79. 정성하, "기독교와 현대문화의 만남에 대한 선교모형연구", 『대학과 복음 제7집』(대학복음화학회, 2003), p.149 재인용.
26) 문화선교연구원 엮음, 『문화선교의 이론과 실제』(서울: 예영커뮤니케이션, 2003), p.13.
27) 위의 책, p.33.

노력이라고 정의한다.28)

이상의 논의를 정리해 보면 다음 두 가지로 문화선교의 정의를 요약할 수 있다. 첫째는 문화를 도구로 삼는 선교적 개념이다. 예를 들어 기독교 공동체 안에서 진행되는 예배, 찬양, 기도 등의 경우 모두 기독교 문화의 한 형태이다. 찬양을 드릴 때 악기를 동원하고, 영상자료를 만들어 사용하는 것 모두가 문화적 도구를 이용하고 있기 때문이다. 둘째는 문화 자체를 선교의 대상으로 삼는 경우이다. 문화는 원래 모든 인간의 내적정신을 포함하고 있는 표현양식이지만, 왜곡된 문화로 변질되었을 경우 마성적인 힘에 의하여 문화는 인간성을 파괴시키고 인간의 궁극적인 목표인 절대자를 향한 관심을 흐리게 하거나 잘못으로 변질시킬 가능성29)을 안고 있다. 그래서 문화를 건강하고 건전하며 바르게 이끌어 갈 수 있게 만들기 위하여 문화를 변혁시킬 수 있는 문화사역자의 발굴과 지원이 지속적으로 필요하다.

교회는 분명 하나님의 나라를 지향하지만 인간이 살아가는 모든 삶의 영역 즉, 세상문화를 바르게 인식하고 변화시키기 위하여 문화의 방법으로 해석되고 전달할 수밖에 없다. 왜냐하면 선교의 대상이 문화 속에서 살아가고 있는 인간이기에 문화와 선교를 서로 분리하여 이해할 수 없기 때문이다. 그것은 또한 파울 틸리히(Paul Johannes Tillich)가 강조한 것처럼 '문화와 종교는 직간접적으로 서로에게 영향을 주고 있다'30)고 보기 때문이다.31) 교회와 문화는 서로 분리되거나 양분화되어 있는 것이 아니라, 교회의 정신적인 가치가 문화의 형태 속에 곳곳

---

28) 김문환, 『문화선교와 교회 갱신』(서울: 엠마오, 1995).
29) 파울 틸리히, "종교와 문화", 『문화와 종교』(서울: 전망사, 1984), pp.152-160.
30) 이 말의 의미는 종교가 모든 인간의 정신생활의 심층적 차원이고, 문화는 그 심층적 차원인 종교를 표현하고 있는 형식이라는 틸리히의 주장과 일치한다.
31) 파울 틸리히, 『문화의 신학』, 남정우 역(서울; 대한기독교서회, 2002), pp.50-53.

에 스며 있기 때문에 교회와 문화는 함께 가야 하며 하나 된 선교적 가치를 내세울 수 있어야 한다. 그러므로 문화선교는 굳이 하나님의 이름을 내세워 진행하지 않아도 세상 속에 스며 있는 인간의 궁극적 관심을 향한 갈망을 드러내고 밝히며, 그릇되거나 왜곡된 문화를 바로 잡는 데 목적이 있다. 그러므로 문화선교는 궁극적으로 교회와 문화(사회)를 향한 화해와 협력을 위한 선교적 방향이다.

3. 왜 한국교회는 문화선교를 필요로 하는가?

한국교회는 지난 1970년대 이후 세계가 놀랄 만큼의 급성장을 이루었지만, 1990년대를 기점으로 성장이 정체되고 위기의 모습[32]이 나타나기 시작했다. 이러한 현상은 한국교회의 지속적인 복음전파와 사회를 향한 봉사·헌신에도 불구하고 이 사회가 개신교 전체를 향해 반성과 통찰을 요구하고 있다는 것을 보여 준다. 이는 지난 날 한국사회가 경제적인 어려움에서 벗어나 빠른 경제 성장의 결과로 사람들이 삶의 여유와 시간을 갖게 되면서 한국교회 곳곳에서 부작용이 발생했기 때문이다. 그 부작용 중 하나는 급변하는 세대의 문화적 흐름에 교회가 발 빠르게 대응하지 못한 것이고 또 다른 하나는 여가 선용에 따른 문화 준비가 미흡했다는 것이었다. 이것은 곧 교회마다 문화선교에 대한 의식의 부재와 준비소홀로 나타났다.

한국교회의 이러한 문화이해의 부족은 지난 수십 년 전 한국의 산업사회의 발전과 맞물려 신앙의 내적성숙으로 올바르게 이어지지 못하

---

32) 이문장, 앤드류 월즈 외, 『기독교의 미래』, 이문장 역(서울: 청림출판, 2009), pp.92-99.

였고 외적인 교회의 부흥과 성장으로 연결되어 교회의 세속화 현상을 발생시켰다. 이것은 문화가 복음의 도구가 될 수 있다는 인식보다는 문화는 사회에서 즐기는 향유에 지나지 않는다고 이해되어 온 그릇된 인식의 결과이기도 했다. 이렇듯 한국사회의 물질적인 풍요로움과 자유로움은 한국교회의 신앙의 틀을 바꾸어 놓았고, 외형적 경제성장에 따라 교회는 신앙의 깊이와 말씀의 본질에 대한 이해보다는 기복적이고 축복 위주의 신앙을 추구하게 되었다. 이후 한국교회는 심각한 영적욕구에 메말라하며 예배의 갱신을 요구하게 되었고, 이는 발 빠르게 대응하지 못한 기존 교회의 성도들을 중대형교회로 수평 이동하는 계기를 제공하였다. 왜냐하면 중대형 교회들은 나름대로 이 두 가지의 요구를 충족시킬 만한 준비와 여건을 갖추고 있었기 때문이다.

    이러한 상황에도 불구하고 교회가 왜 문화선교를 해야 하는지에 대해 문제제기를 하는 경우가 많이 존재한다. 또한 그것은 다만 중대형교회가 하는 일이고 경제적 여유가 있거나 문화인력이 있는 곳에서 가능한 일이라고 치부하고 있기도 하다. 하지만 신앙행위란 개인의 영욕과 삶의 안위를 위한 것이라기보다 교회(공동체)와 사회 저변에 흩어져 있는 모든 이웃들과 열방들에게 하나님으로부터 받은 구원의 은혜의 감격을 기꺼이 나누려는 의지이다. 그러므로 이러한 구원의 감격의 나눔은 우리의 사회적 삶의 곳곳에 흩어져 있는 환경을 통해서 이루어져야 하는데, 이것은 곧 하나의 문화형태로 나타난다. 우리가 살고 있는 삶의 현장이 문화이며 인간이 가지고 있는 모든 정신적인 행위의 표현이 문화이기 때문에 이러한 문화가 분명 우리의 선교적 도구가 될 수 있음에는 틀림없다.

    또한 이러한 문화적 도구는 다양하다. 인간의 정신적 행위의 표출이 문화형태로 나타나기에 그 문화는 시대마다 민족마다 상황마다 각자 나타나는 양식이 여러 형태로 다양하게 표현될 수 있다. 이러한 문화의 다양성은 도리어 문화를 통한 인간의 본질적인 관심인 '궁극적 관심'을 향한 귀중한 통로가 될 수 있음은 자명하다.

무엇보다 문화선교는 궁극적으로 세속화로 인하여 숨겨져 있는 문화 속에 인간의 본질, 즉 궁극적 관심을 갖게 만들어야 한다. 우리가 문화선교라는 입장에서 바라볼 때 바로 이러한 점을 간과해서는 안 된다. 그것은 오늘날 현대인들이 발전된 인간의 기계문명 아래 비인격화되고 냉소적인 문화 속에서 인간의 욕망으로 우상화될 수 있는 세상의 왜곡된 문화[33]를 바르게 알게 하고 보다 긍정적인 인격함양을 할 수 있는 문화를 만들어 나가야 함을 의미한다.

문화선교의 기본 중심은 무엇보다 기독교 진리에 입각하여 문화적 도구를 활용하도록 하는 것이다. 기독교 문화가 보다 넓고 풍부하게 진행되기 위해서는 인간이 누리는 삶의 모든 전반적인 행위 속에서 세상 문화에 적극적으로 뛰어들어 적절하게 세상을 향한 의사소통적 방법을 바르게 이해하도록 만들어 가는 입체적 선교가 필요하다.

1) 문화선교의 시대적 요청

문화선교는 분명 21세기 한국교회와 사회를 향한 시대적 요청임에는 틀림없다. 무엇보다 문화선교를 향한 구체적인 실천적 방향은 시대

---

33) 김종호는 삶의 모든 영역 속에서 인간실존이 인간적인 것을 실현해야 함에도 불구하고, 대상화된 인간은 인간적 본질로부터 객체화 또는 사물화되어 소외과정을 거치면서 종교적 소외, 철학적 소외, 사회적 소외, 경제적 소외, 정치적 소외 등으로 전락하여 자기소외의 과정으로 변해 버렸다고 주장한다. 참고) 김종호, "소외시대, 어떻게 살까", 『현대문화와 소외』(서울: 현대사상사, 1976), pp.15-16.

의 흐름에 맞게 복음전파에 대한 이해와 방법을 새로이 해야 하는 정체성과 다양성이 요청되고 있다. 하지만 교회가 문화선교를 위하여 경쟁적으로 문화개발에만 집착한다면 문화 프로그램은 발전적일지 모르나 자칫 교회의 정체성에 위기를 맞을 수 있다. 그러므로 한국교회는 문화의 다양성 가운데 복음전달을 획일적으로만 전달할 것이 아니라 세계화 속에 나타난 다양한 문화를 바르게 수용하여 적용할 때 복음의 진정성은 더욱 빛날 것이다. 그것은 곧 한국사회의 다원성 속에서 기독교적 책임성과 역량을 어떻게 정립해 나갈 것인가에 대한 문제이기도 하다.

예를 들면, 한국의 전통문화 그리고 대중문화와 기독교와의 관계성을 바르게 해결해야만 한다. 기독교가 처음 한국에 들어왔을 때, 초기 선교사들은 기독교와 서구문화를 동일시하면서 한국 전통문화를 미신적인 것이나 열등한 것으로 매도해 버렸다. 그로 인하여 전통적으로 전래되어 온 한국적인 멋과 문화를 천하게 여기고 거부하려는 경향이 있었고, 지금도 여전히 그러하다. 한국 전통문화를 바르게 이해하고 긍정적이고 한국적인 멋과 미를 살릴 수 있는 것을 한국의 기독교 문화에 토착시킬 수 있다면 그것 또한 문화선교의 중요한 대안이 될 수 있다. 또한 급변하는 대중문화의 부정적인 시각보다는 그것을 객관적으로 평가하여 기독교 문화의 창달에 응용할 수 있는 방안을 모색[34]할 때 한국사회는 보다 능동적이고 책임성 있는 기독교 문화의식을 가지고 나

---

34) 교회는 현재 대중문화를 어떻게 바라볼 것인가를 정확히 인식해야 한다. 교회가 대중문화의 왜곡된 이미지를 감시할 뿐만 아니라, 대중문화의 적극적인 참여자가 되어야 한다. 단순히 대중문화의 소비자로만 그치는 것이 아니라, 대중문화 속에 내재된 비윤리적이고 비인간적인 문화, 반기독교적 요소를 고발해야만 한다. 그러므로 교회는 오늘의 시대적 흐름을 바르게 이해하고 그 시대적 흐름 속에 매몰되어 가는 것이 아니라 시대를 주도하고 시대 속에 미래를 제시하며 기계화된 문명 속에서 메말라 가는 인간성을 회복하고 단절되어 가는 이웃과의 소통과 만남을 문화선교라는 공간을 통하여 바르게 이끌어 내야 한다.

아갈 것임은 자명하다.

2) 사회와 소통을 위한 문화선교

교회와 문화, 즉 종교와 문화는 서로 분리된 것이 아니라, 서로에게 밀접하게 관계하고 있으며 각자의 중요한 역할을 가지고 있다. 레비나스(Emmanuel Levinas)는 문화를 타자(他者)로서 이해하고 자기중심적 내면성을 지닌 자아(기독교)로부터 타자(문화)에게로 향하여 무한으로 초월해 나가는 것이라 이해하였다.[35] 교회의 종교적 행위는 인간에게 삶의 본질과 의미를 제시해 주며, 문화는 사회 속에서 인간의 삶의 본질을 표현해 주는 양식으로 나타나기에 서로에게 밀접한 관계를 항상 가지고 있다. 현대사회 속에서 세대 간의 소통, 현대문화와 전통문화 간의 소통, 이웃과의 소통, 특히 교회와 사회 간의 소통을 위해 문화의 이해가 필수적인 요소로 자리 잡았다. 하지만 교회는 (대중)문화에 대하여 세속적이며 경건치 못하다는 부정적인 시각을 가지고 있으며, (대중)문화 또한 교회에 대하여 폐쇄적이고 시대에 뒤떨어지는 종교적 행위만 반복하고 있다며 비판하고 있다.

대중문화 비판가들은 대중문화의 상업적 타락에 대하여 경고를 해 왔다. 그들은 대중문화가 단순히 대중문화의 주도를 넘어 영리추구를 목적으로 변질되었고 기계화된 복제기술로 인한 대량생산으로 도리어 대중들을 일률적이고 획일적 사고로 변질시켰다고 비판해 왔다. 대중문화는 인간 사회 속에서 하나님의 일반 은총 아래 유지되고 있는 인류의

---
35) 김연숙, "레비나스 타자윤리에서의 윤리적 소통에 관한 연구", 『국민윤리연구』 제 44호, 2000, p.5.

문화 창조적 산물이라 할 수 있다. 하지만 이것으로는 모든 대중문화의 형식과 내용에 있어서 완전히 이해할 수 없기 때문에 분별할 수 있는 영적 분별력이 요구된다. 그 대중문화 속에는 비성경적이고 타락한 인간의 왜곡되고 일그러진 하나님의 모순된 형상이 그려질 수 있기 때문이다. 무엇보다 교회가 이 대중문화를 적극적으로 이해하고 문화선교에 도구적으로 활용을 할 수 있다면 이에 대한 적절한 기독교적 대안을 마련해야만 한다. 지역주민들의 기호, 취향 그리고 원하는 문화적 욕구 등을 바르게 이해하고 이에 대한 프로그램을 마련한 뒤 적극적인 홍보를 통하여 대중문화를 함께 활용할 수 있는 방안을 마련해야 한다.

기독교 선교는 사회와의 소통을 위하여 문화라는 도구를 소중하게 생각한다.[36] 문화는 곧 인간의 삶이기에 세상과 복음을 연결하는 가교이다. 문화선교는 교회가 사회를 향한 시대적 책임을 가지게 만드는 중요한 역할을 갖게 만든다. 교회는 기독교 복음전파를 목적으로 모인 성도들이라 할 때, 사회를 향하여 시대적 요구에 부응하고 복음전파의 이중적인 과제수행을 적절하게 연결하기 위한 사명을 문화선교를 통하여 이루어야 한다.

3) 미래사회를 향한 문화선교

21세기는 더욱더 다양해질 문화에 대한 적극적인 활용이 요구된다. 엘빈 토플러(Alvin Toffler)가 시장과 경제가 100마일로 달릴 때, 정부가 10마일로 달리면 괴리가 생길 수 있다고 말한 것은 되새겨 볼만

---

36) 정성하, "기독교와 현대문화의 만남에 대한 선교모형연구", 『대학과 복음 제7집』(대학복음화학회, 2003), p.150.

한 말이다. 교회가 사회문화적 변화에 민감하게 반응하는 것이야말로 사회변화에 바르게 대응하기 위한 전략이 될 것이며, 또한 문화적 대응을 통하여 소통의 장을 이어가는 데 중요한 역할을 하게 될 것이다. 무엇보다 시대를 바르게 분별할 수 있는 신앙의 식견을 가져야 한다는 의미이다.[37]

한국교회가 현재 부딪히는 상황과 미래사회의 상황을 바르게 예견하고 인식할 때 한국교회의 부흥과 선교적 사명을 바르게 감당할 수 있다. 그러므로 하루가 빠르게 변화하는 한국사회의 미래를 예견한다는 것은 지극히 어려운 일로서 그 한계가 있다. 하지만 문화선교적 입장에서 생각해 볼 때 분명 미래사회는 다양한 기술문명으로 더욱 문화적 통합과 발전으로 나아갈 것임에는 틀림없다. 특별히 미래사회는 더욱더 다양한 멀티미디어와 다양한 문화를 통하여 발전하게 될 것이다. 무엇보다 혁명적인 기술발전이 오늘날 대중문화의 획기적인 발전을 이룩하였기 때문에, 대중문화가 멀티미디어를 통하여 전달되는 상황에서 기독교의 복음과 가치관을 적극적으로 활용하고 전달되어야 한다. 이는 복음을 바르게 전하기 위하여 입체적인 문화선교를 필요로 하기에 교회는 이런 다양한 멀티미디어를 다룰 줄 알고 복음을 위한 프로그램을 적극적으로 개발하고 펼칠 기독사역자를 발굴해야 한다.

---

[37] 제임스 마틴(James Martin)은 자신의 책 『미래학 강의』에서 21세기에는 고차원적인 문화생활을 영위하게 될 터인데 이것은 미래의 인류역사에서 다시 성취될 것으로 보고 있다. 기계가 인간의 일을 대부분 대신하게 될 미래는 위대한 문학, 예술, 고전음악, 철학, 과학, 컴퓨터 게임, 무술, 스포츠가 다시 꽃피는 시기가 형성될 것이라고 주장한다. 하지만 이것들은 광란의 미래에서 벗어나 고차원적인 문화 안에서 수준 높은 문화생활 양식을 찾을 것이며, 여가를 위한 교육은 일반적인 교육보다 삶의 질을 향상시키기 위하여 더욱더 큰 몫을 할 것으로 내다보았다. 참고) 제임스 마틴, 『미래학 강의』, 류현 역(서울:김영사, 2009), pp.499-513.

4) 다문화상황에 놓인 한국사회의 다양성과 일치성을 위한 문화선교

글로벌 시대 속에서 한국도 이제 100만 명이 넘는 외국인이 거주하고 있다. 그로 인하여 다문화가정이 형성되고 한국 청소년, 청년 등의 젊은이들이 외국으로 나아가 세계적인 문화교류 속에서 살아가고 있는 것은 한국사회도 이미 다문화적 사회 속에 접어들었기 때문이다. 대중문화는 이에 더하여 글로벌 대중문화 시대 속에서 외국의 대중문화가 수입되고 한국의 대중문화가 한류라는 이름으로 동남아시아, 중국 그리고 아시아를 넘어 미국 등으로 수출되고 있는 실정이다.

이런 한국 대중사회 속에서 한국 기독교는 문화적 상황을 인식하고 대처하기보다 부정적으로 비판하기에 급급하였다. 하지만 이제는 이러한 대중문화의 건전성과 유익성에 관심을 가지고 문화선교의 긍정적인 도구로 사용될 수 있다면 그것 역시 하나님의 선하신 도구로 사용될 수 있다. 이것은 보다 교회와 사회의 문화선교로 인한 통합기능을 할 수 있다는 장점이 생길 수 있다. 교회라고 해서 사회문화와 동떨어져 있는 것이 아니라, 사회문화의 한 단면으로 진행되고 있기 때문에 이러한 교회의 문화선교가 다문화화 된 한국사회의 다양성을 존중하면서도 사회적 통합을 위한 기능을 담당할 수 있어야 한다.

4. 문화선교의 네 가지 기능

문화선교의 핵심적인 역할은 바로 교회와 사회의 관계성 회복에 있다. 교회가 사회를 향한 수평적 사명이 있다면 그것은 친교, 봉사, 교육, 선교이다. 이 모든 활동이 바로 문화선교의 기능이다.

① 문화선교의 첫 번째 기능은 친교의 기능이다. 이 기능은 사회와의 소통을 위한 만남을 의미한다. 사회와 교회의 접근성, 즉 긍정적인 관계성을 용이하게 하기 위하여 문화선교가 필요하다.
② 봉사의 기능이다. 일회적인 물질적인 공급과 봉사뿐만 아니라, 삶의 문화를 충족시켜 문화적 혜택을 주는 것이다. 이것은 섬김의 자세로 지역사회를 향하여 단순히 지역적 영역의 공유개념을 벗어나 주민들이 원하는 문화욕구를 들어 주고 해소하며 그것을 위하여 함께 섬기는 데 그 의미가 있다.
③ 교육의 기능이다. 문화선교는 문화적 소외를 받는 자들에게 건강한 문화향유의 기회뿐만 아니라, 문화교육을 통하여 사회의 능력 있는 건전한 문화인으로 성장케 하게 하는 기능이다.
④ 선교의 기능이다. 교회가 사회를 위한 소통의 궁극적인 목적은 선교적 사명에 있다. 선교적 사명을 교회의 언어와 형식이 아니라 문화적 즉, 삶의 유기체적 형식을 통하여 복음의 의미를 전달하고 복음을 그들에게 전하는 데 궁극적인 목적이 있다.

또한 이러한 문화선교는 지역사회를 위한 두 가지 하부적 기능을 가진다.[38] 첫째, 문화선교는 복음을 문화적 도구를 통하여 전하는 한 방편이기에 건강한 문화를 소비하도록 유도하는 기능이 있다. 그러므로 문화소비를 어떻게 해 나갈 것인가에 대한 방향성이 절대적으로 요구

---

38) 송병준의 논문에 따르면 문화선교의 사회적 기능을 다섯 가지로 분류하고 있지만 필자는 여기서 두 가지를 제안하기로 한다. 참고) 송병준, 「문화선교를 위한 교회건축 공간에 관한 연구」(미간행 석사학위논문, 건국대학교, 2002).

된다. 사람은 언제나 문화를 생산하고 분배 그리고 소비하는 기능을 가지는데 이는 지역사회에 있는 주민들로 하여금 개인적 일상생활에 있어서 보다 효율적인 재화와 용역을 일정한 경로(교회의 문화선교적 기능)를 통하여 분배함으로 건전한 소비를 갖게 만든다.[39] 둘째, 문화선교는 사회화와 사회통합적 기능을 가지고 있다. 사회화 기능은 일반 사회지식, 사회적 가치, 그리고 올바른 사회행동을 위한 규범들을 사회 구성원들에게 바르게 전달시키고 적응시키게 하는 과정을 의미한다. 사회통합적 기능이란 지역사회의 조화로운 화합과 만남 그리고 유지를 통해 발전적 방향으로 나아가게 만드는 순기능의 통합적 역할을 하게 만드는 것이다.[40]

5. 문화선교를 위한 방향성

문화선교를 위한 단계는 ① 지역환경 고려 ② 문화 프로그램 마련 및 실행 ③ 건강한 문화 만들기로 이어져야만 한다. 즉, 문화선교는 지금까지 답습해 온 문화의 틀 안에서만 가지고 하는 선교가 아니라 세상의 모든 삶의 도구들이 선교적 도구가 될 수 있다는 점을 간과해서는 안 된다. 주변환경 속에 있는 모든 관심거리가 문화이며, 그 문화 속에 종교성이 있다. 즉, 선교의 가능성이 매우 다양하여 선교의 범위

---

[39] 송병준, 「문화선교를 위한 교회건축 공간에 관한 연구」(미간행 석사학위논문, 건국대학교, 2002), p.8.
[40] 이문장 교수는 한국신학의 미래를 통합신학으로 이끌어야 한다고 강조한다. 무엇보다 올바른 한국의 토양에 맞는 신학의 필요성을 강조하며 서구에서 진행되어 온 신학의 유형으로부터 벗어나 한국의 상황에 맞는 적합한 한국신학을 주문한다. 이것은 곧 한국인의 신앙의 정체성을 가지는 것이고 이것이야 말로 한국 문화적 정서와 복음이 자연스레 그리고 바르게 형성될 수 있는 것임을 지적한다. 참고) 이문장, 앤드류 월즈 외, 「기독교의 미래」, 이문장 역(서울: 청림출판, 2009), pp.224-243.

도 무한하다.

① 지역환경 고려

지난 10여 년 동안 문화선교연구원을 비롯하여 많은 선교단체나 연구기관에서 문화선교에 대한 방향과 연구를 거듭하여 왔다. 현재 많은 교회가 이전의 문화선교 의식에 비하여 상당한 비전과 올바른 문화선교의 개념을 가지고 있는 것은 확실하다.

미래의 10년을 내다볼 때 한국교회는 어떠한 문화선교의 방향을 가지고 나아갈 것인가? 미래 한국사회는 이전의 10년보다 더 많은 노력과 투자 그리고 헌신이 필요함은 자명하다. 그만큼 문화적 욕구가 다양해지고 풍부해졌다고 볼 수 있다. 하지만 문화에 대한 인식과 수요의 지역 간 편차가 심하다.

문화 격차 줄이기로 교회가 문화선교를 지향할 때 우선적으로 고찰해야 할 점은 지역사회의 정서와 문화적 환경을 고려해야만 한다. 왜냐하면 한국의 지리적 위치상 문화환경의 편차가 심하기 때문이다. 예를 들어 대도시와 중소도시 그리고 읍, 면 단위로 내려갈수록 문화적 공간이 줄어들거나 문화적 혜택을 받을 수 있는 여건이 제대로 마련되어 있지 않다.

이러한 지역사회의 문화적 환경에 대한 고찰은 무엇보다 그 지역이 교회를 통하여 무엇을 원하고 있는지 무엇을 기대하고 있는지에 대한 관심을 갖고 물음에 진지하게 응답하는 자세이다. 그리고 그 필요성은 지역주민에게 접근하는 중요한 근거와 방안이 될 수 있다. 지역주민들이 살고 있는 지리적 위치나 환경 그리고 생활수준에 따라 문화적 욕구가 다르기 때문에, 그것은 곧 교회가 지역 속으로 시행하고자 하는 문화선교적 방향을 결정하는 중요한 단서가 될 수 있다.

② 문화 프로그램 마련 및 실행

지역사회의 환경, 즉 지역사회의 요구와 필요성에 대한 조사가 이루어졌을 때 그 지역에 적합한 문화 프로그램을 마련해야만 한다. 그 문화적 방안은 지역마다 요구방안이 다르기 때문에 원하는 요구에 성실하게 응답되어야 한다. 아무리 좋은 문화 프로그램이 조성되고 만들어졌다 해도 지역민의 요구에 부응하지 못한다면 그 문화 프로그램은 호응을 받지 못할 것이고, 그것은 또 다른 이중, 삼중의 인력과 재정적 낭비의 결과를 불러올 수 있다.

또한 필요한 문화 프로그램을 실행하면서 간과하지 말아야 할 것은 양질의 문화교육이다. 단순히 주어지는 문화 프로그램에 참여하는 것만으로 만족을 주어서는 안 되며, 문화의 주체자로서 문화를 이해하고 선도해 가며 나아가 문화변혁에 동참하는 과정을 갖도록 해야 한다. 그러므로 문화 프로그램에는 반드시 일정한 문화교육이 내포되어 있어야 한다. 문화교육의 목적은 사람들을 보다 질적인 문화인으로 만드는 데 있다. 바른 문화인을 만드는 것은 문화 프로그램에 참여하는 것을 너머 문화의식을 고양시키고 지속적인 문화교육을 통하여 문화시민으로서 자긍심을 키우고 바르게 성장시키는 것이다. 이를 위해 충분하게 지역주민들의 요구에 귀를 기울이고 교회가 복음의 정신에 위배되는지 아닌지에 대한 충분한 검토와 방안을 마련해서 보다 양질의 프로그램을 구성하여 당당하게 제시할 수 있도록 철저한 준비가 요구된다. 이것이 바르게 구성될 때, 문화선교는 소외된 문화지역을 보완하고 보충하는 역할을 제대로 할 수 있다.

그것은 교회가 속해 있는 지역사회의 부족한 문화영역을 채우고 이를 보완해 줄 수 있는 역할을 교회가 담당해야 한다는 것이다. 왜냐하면 지역사회 간에 문화의 상대적 박탈감이나 소외감을 가지게 해서는 안 되기 때문이다. 예를 들어 대도시와 중소도시, 도시와 농촌 간에서 나타난 문화 인프라의 경우 현격한 차이가 발생하고 있다. 그러므로 교회는 이러한 문화환경 차이를 줄이거나 극복할 수 있는 대안을 마련하기 위해 교회 간의 연대뿐만 아니라 지역 공기관과 협력하여 함께 그 간격을 줄여 나가야 한다.

무엇보다 동일한 지역 안에 있는 교회들 간의 문화선교적 연대가 필요하다. 중소교회는 문화선교에 대한 필요성을 가지고 있으면서도 여전히 문화선교의 역량은 여러 측면에서 부족할 수 있다. 따라서 분산되어 있는 교회인력과 재원을 함께 공유하고 서로 힘을 모음으로써 지역사회를 통합시키려는 큰 밑그림을 그려 나갈 필요가 있다. 만약 교회가 함께 연대하여 문화선교를 마련해야 할 필요성을 느끼지 못한다면 교회는 지역을 섬기고 봉사하는 데 영세적 측면을 벗어나지 못하게 될 것이다. 또한 지역의 중대형교회도 함께 주변의 지역교회와 함께 연대하려는 의식이 필요하다. 지교회 중심에서 하나님의 나라라는 큰 비전과 사명을 공유하고 함께 하려는 자세가 무엇보다 요구된다.

③ 건강한 문화 만들기

문화선교는 사회 속에 건강한 문화를 조성해야 한다. 순수한 문화적 욕구에 의해 자생되기보다는 자본의 힘에 의해 기획된 인스턴트 같은 문화와 감각적으로 자극만 주는 현대문화의 향유 속에서 문화선교를 통해 건강한 문화를 지속적으로 공급할 공간과 프로그램이 필요하다. 문화선교를 통한 건강한 사회문화의 형성은 인간관계의 단절로 깊어가는 가족과 이웃과의 관계를 새롭게 해 줄 수 있는 희망의 고리를 만들어 줄 수 있다. 그것은 곧 인간과 인간과의 소외된 관계, 인간과 문화 간의 소외적 상황을 문화사역을 통하여 극복할 수 있다는 것이다.

현대인에게 필요한 것이 있다면 인스턴트적 문화향유가 아니라, 온 가족이 그리고 개개인의 인격과 정서를 고양시키고 건전하게 즐길 수 있는 건강한 문화의 향유이다. 그 문화적 향유가 지역적 특성으로 인하여 소외받는다면 교회가 마땅히 그 문화적 소외감을 해소시킬 수 있어야 한다. 그것은 곧 문화의 참여로 유도하는 것이고 그 문화의 참여가 곧 사회의 발전으로 이어지는 길이기 때문이다. 왜냐하면, 한국교회의 초기 선교역사는 교회의 사회참여였기 때문이다.

문화선교는 환경을 뛰어넘는 하나님의 지상명령이다. 문화선교는 세대 간의 이해관계를 뛰어넘어야 한다. 21세기는 문화의 세기로 물질문명 속에 피폐해져 가는 인간성의 회복과 하나님께서 선하게 창조하신 세상을 향한 이해와 어우러짐을 갖게 하는 문화선교의 사역이 절실히 필요로 한다.

하나님께서는 이 세상의 모든 것, 즉 세상에 존재하는 모든 것들을 구원하길 원하신다. 그것은 하나님의 세상구원 사역이 바로 문화회복운동[41]으로서 문화선교의 사명이자 기능인 것이다. 구체적인 책임 수행을 위하여 다음 두 가지 역할이 필요하다.

---

41) 인간을 포함한 세상에 존재하는 모든 것들은 문화라는 울타리 안에서 존재하고, 그들의 존재적 특징은 문화로 표현되고 있다. 그러므로 하나님께서 창조하신 세상의 모든 것을 위한 구원사역은 문화라는 도구를 통하여 이루어질 수 있으므로 이것을 '문화회복운동'이라 말할 수 있다.

첫째, 한국교회가 한국문화의 상황을 보다 객관적이고 바르게 파악하고 인식하는 일이다. 여러 가지 면에서 한국문화는 물질만능주의, 즉 소비문화에 젖어 있다. 정신적, 도덕적 가치는 도외시되고 물질 만능주의적 의식이 팽배해 있고, 무한경쟁 속에서 생존하기 위한 몸부림만 남아 있다. 이것이 도리어 구조적 병폐를 낳게 되어 부정과 부패, 상대적 박탈감이 이제 빈부의 차이를 넘어 지역 간의 편차로 전락해 버렸다. 이러한 현상은 또 다른 결과를 낳게 되었는데 그것은 바로 도시와 농촌 간, 지역과 지역 간의 문화적 불균형으로 인한 상대적 박탈감이다. 그러므로 교회가 문화선교의 책임적 사명을 다하기 위하여 현재 한국문화가 어떤 상황에 놓여 있는지에 대한 정확한 이해와 분석을 필요로 한다.

둘째 교회가 사회를 향하여 문화를 통한 하나님의 계시를 바르게 들을 수 있게 만들어야 한다. 왜냐하면 문화가 삶의 전반적인 자리를 의미하는 것임을 명심할 때, 하나님을 교회 안에서만 만나는 것 이상으로 하나님과의 교제는 문화를 통하여 각 개인의 삶 속에서 보다 생동감 있게 만나야 하기 때문이다. 그것은 곧 교회 안에 갇혀 있는 율법주의의 형태를 벗어나고자 하는 교회의 노력일 수 있다.[42] 문화선교는 대중문화만을 지향하지 않는다. 문화선교는 인간이 살아가고 있는 모든 삶의 유형을 선교적 도구로 삼는 것이다. 인간의 삶의 자리를 문화라고 하기에 문화선교는 하나님께서 인간에게 문화적 도구를 통하여 맡기신 총체적 선교적 사명인 것이다.

이제 '문화선교'는 한국교회의 필수적인 시대적 사명이 되었다. 그것은 단순히 기독교 신앙과 문화와의 관계에 대한 신학적 분석을 넘어 삶

---

42) Paul Tillich, GW IX, S.46.

의 문화적 차원에서 필수적인 선교의 주체가 되었기 때문이다. 이것은 임성빈 교수가 언급한 문화선교의 정의에서 일차적으로 읽을 수 있다: "문화선교란 문화의 모든 영역을 복음적 정신과 실천으로 변혁시킬 수 있도록 역량을 가진 기독교 문화를 형성하고 하나님 나라를 이 땅 위에 실현하려는 선교적 실천을 의미한다."[43]

이 선교적 실천은 문화변혁적 사고에 입각하여 문화선교라는 명제 아래 새롭게 21세기의 중요한 선교의 방향이 되었다. 이제 무작정 거리에서 외치는 복음전파가 지역주민과 불신자들에게 복음을 수용할 수 있는 도구가 되는 시대가 지나갔음을 의미하기도 한다. 지역사회를 향한 복음의 실천은 곧 문화의 변혁을 의미하기도 하고 올바른 문화의 실천을 의미하기도 한다. 문화가 그만큼 이제 모든 현대인들에게 직접적인 영향을 미친다고 볼 수 있다. 이것은 또한 국내뿐만 아니라 해외에서 선교하는 선교사들이 가져야 할 공통적으로 시급한 선교의 방향이 될 수 있다. 해외에 있는 선교사들이 현장에 있는 현지인들을 향한 선교를 문화적 도구를 가지고 활용할 때 선교가 적대적이지 않고 순응적이고 자연스럽게 진행될 수 있다. 선교사들이 현지의 문화적 차이를 이해하고 그들의 문화적 욕구를 수용했을 때 보다 능동적인 선교의 역할을 감당하고 있음을 여러 경로를 통하여 확인되고 있다.

6. 한국교회는 문화선교 속에 신앙의 본질적인 깊이를 담고 있는가?

여러 정황으로 비추어 볼 때, 한국교회의 문화선교는 미래의 교회

---

[43] 문화선교연구원 엮음, 『문화선교의 이론과 실제』(서울: 예영커뮤니케이션, 2003), p.13.

와 사회를 향한 시대적 요청임에는 틀림없다. 하지만 문화선교가 그동안 많은 교회와 사회의 소통을 위한 중요한 역할을 해 왔음에도 불구하고 왜 문화선교가 한국교회에 필요한지를 살펴보아야만 한다. 한국교회는 그동안 양적인 성장에 비하여 질적인 성장이 여전히 부족하다는 지적을 받고 있다. 무엇보다 질적인 면과 관련하여 기독교 문화를 바르게 확립하고 정착시키는 일에 관심을 기울여야 한다는 의견이 설득력을 얻고 있다.

문화선교를 통하여 무엇을 목표로 하기에 그토록 많은 교회들이 문화선교에 열의를 가지고 진행하고 있는 것인가? 앞서 여러 분야에서 설명이 되었겠지만 무엇보다 분명한 것은 문화를 선교적 도구로 삼으려는 것이 교회의 목적일 것이다. 여기서 문화가 도대체 무엇이기에 선교의 도구로 이 시대 속에서 요구되고 있는가? 그것은 틸리히의 주장에 따르면 문화는 곧 삶이고 곧 문화적 환경 속에서 인간은 언제나 살아가고 있으며, 이 인간이 살아가고 있는 문화적 환경 속에서 우리의 신앙의 본질적인 자리를 마련하고 있기 때문이다.

그러기에 문화선교는 인간이 의도적이든 비의도적이든 누구나 내면에 안고 있는 "궁극적인 관심"[44]인 하나님과 인간과의 만남을 문화라는 하나의 형식과 공간을 통해서 전해지는 것을 의미한다. 이것이 바로 문화선교의 핵심이다. 그러므로 이 문화선교는 서로의 의견이나 소정의 목적 달성을 위한 일방적인 전달이 아니라, 쌍방향(인간의 삶과 인간의

---

44) 틸리히는 인간의 유한성에 대한 불안을 해소하고자 절대자를 바라며 의식하는 행위를 궁극적 관심(the ultimate concern)이라 표현했다. 이것을 다른 말로 틸리히는 "was uns unbedingt angeht", 즉 "우리와 무조건적으로 상관이 있는 것"이라는 말로 풀어서 설명하였다. 표현은 신자이든 불신자이든 누구든지 인간이라면 갖고 있는 내면 속의 절대자를 향한 의지인 것이다. 그러므로 인간은 누구든지 문화를 통하여 인간의 궁극적 관심 즉, 하나님을 바라볼 수 있는 계기와 통로가 될 수 있으며 이것을 선교적 차원에서 준비하여 확장시키는 것이 문화선교인 것이다.

목적)에 대한 쌍방향 소통구조를 원활히 하기 위한 목적이어야 한다. 바꾸어 말하면, 교회의 목적이 복음의 메시지(궁극적 관심)를 전하는 것이라면, 사회는 소외받는 문화적 혜택이나 문화적 참여에 관심을 갖고 있다. 하지만 문화선교가 사회와의 소통이라는 명목 아래 문화전달에만 열심을 내고 있지는 않은지 돌이켜 보아야 한다.

무엇보다 교회가 교회다워지려면 교회로서의 정체성을 더욱 곤고히 그리고 자연스레 세워가야 한다는 것은 두말할 나위가 없다. 그러기에 교회가 문화선교를 왜 해야 하는가에 대한 물음은 곧 지역주민들이 무엇을 원하는가에 대한 문화적 욕구를 연구하는 것 이상의 준비와 대비가 필요하다. 교회가 문화선교를 통해 단순히 지역주민들에게 문화적 욕구만 채워 주려 한다면 그것은 일반 문화교육과 다를 바 없다. 그러므로 문화선교는 단순히 외적인 문화 프로그램 위주로만 나아갈 것이 아니다. 형식은 분명 유사한 문화의 형식을 입으면서도 문화 프로그램 속에 신앙의 깊이를 의미 있게 담아낼 수 있는 장치가 필요하다.

신앙의 깊이를 담아 낼 수 있는 문화 프로그램은 굳이 어떤 혁신적이고 획기적인 프로그램이 아니어도 좋다. 지역사회가 요구하고 있는 문화적 욕구에 교회가 얼마나 복음의 진정성으로 접근할 것인가에 대한 고민과 노력이 필요하다는 의미이다. 무엇보다 이 사역에 동참하여 함께 만들어 가는 참여자들의 소명의식과 열정에 달려 있다. 그것은 어느 정도 제도적인 장치가 필요하다. 이 문화 프로그램의 지도자들에게 보다 분명한 소명의식과 교회의 정체성을 인지시키며 끊임없는 자기계발을 통하여 보다 능동적인 사회참여로 나아가게 만드는 것이 필요하다.

그러므로 다시 한 번 조심스레 질문을 던져 본다. 한국교회는 문화선교를 통하여 본질적인 신앙의 깊이를 담지하고 있는가? 교회와 문화는 별도로 떨어져 있는 것이 아니라, 상호의존하며 속해 있다[45]는 틸리히가 지적한 바를 한국교회는 새겨들어야 한다. 한국교회가 문화선교에 관심을 가지고 헌신하면서부터 지역 선교적 차원에서 상당한 학습효과를 보았다. 하지만 "한국교회에서 진행되는 문화선교의 도구가 지역관청과 사회문화센터에서 시행하고 있는 것과 차별성이 있는가?"라고 물을 때, 선뜻 답변을 하지 못할 수도 있을지 모른다.

이는 한국교회가 외형상 교회가 지역을 섬긴다는 명목 아래에 그동안 문화전달에만 열심을 내고 있지 않았는가에 대한 반성의 필요성을 제기한다. 무엇보다 교회가 교회다워지려면 교회의 정체성을 잃어버리지 말아야 한다. 즉, 문화 프로그램이 형식상 사회에서 진행되고 있는 문화 프로그램과 유사성이 있다 해도 문화 프로그램 속에 신앙의 깊이를 의미 있게 담지해 낼 수 있는 장치가 필요하다는 말이다.

또한 문화선교의 목적은 지역사회가 요구하는 것과 교회가 지역사회를 향해 전달해야 할 본질적인 목적에 부합하여 얼마나 복음의 진정성에 무리 없이 접근하여 급변하는 세상 속에 문화사역의 소비적인 대중문화에 젖어 있는 현대인들에게 삶에 대한 진지한 고민과 의미를 깨닫게 해 주며, 깨어지거나 소외된 인간관계를 회복하게 해 주며, 그 사역에 참여하고 있는 문화사역자들에게는 시대적 사명자로서의 소명의식을 보다 강하게 일깨워 주느냐에 있다. 그러므로 한국교회는 문화선교를 통하여 교회만이 할 수 있는 신앙의 본질적인 깊이를 담고 있어야 한다.

무엇보다 문화선교는 문화적 도구를 사용하고 있음이 분명하다. 그

---

45) 파울 틸리히, 『문화의 신학』, 남정우 역(서울: 대한기독교서회, 2007), p.60.

러기에 도리어 유의해야 할 부분이 있다. 과학과 경제발달로 인한 문화도구의 유용함이 도리어 인간본질을 위협하거나 궁극적 관심을 향한 의미를 상쇄시키지 않도록 경계하는 일이다. 문화선교는 문화의 발전에만 관심을 가지는 것이 아니라 문화를 통하여 인간의 내면에 자리 잡은 본성의 문제를 다루고 인간의 실상을 밝히며 인간이 궁극적으로 나아가야 할 방향성을 바르게 제시하는 데 있다. 즉, 문화선교는 문화적 도구를 백화점 진열대에 있는 상품처럼 나열만 해서는 안 된다. 문화선교가 지향하는 복음적인 정신을 어떻게 구체적으로 그리고 다양하게 담지해 낼 수 있는가에 우선적인 관심을 가지는 열의가 필요하다는 뜻이다.

7. 나가는 말

테리 이글턴(Terry Eaglton)은 매튜 아놀드(Matthew Arnold)의 말을 인용하여 기독교 신앙의 퇴조가 기독교가 창조해 낸 문화에도 영향을 미칠 것이라고 전망하였다: "문화는 그 뿌리를 두고 있는 종교로부터 떨어져 나와 이리저리 흔들리는 한 반드시 쇠약해진다."[46] 이 의미는 보다 기독교가 사회를 향하여 적극적이고 창조적인 문화를 형성할 수 있도록 진일보해야 한다는 점을 강조하고 있다. 문화선교는 무엇보다 기독교 복음을 한국적 상황에 맞게끔 토착화시키는 중요한 가교역할을 할 수 있기에, 복음을 통하여 자기를 부정함과 동시에 자기정체성을 상

---

[46] Terry Eaglton, The Idea of Culture, Oxford, Blackwell Publischers, 2000, pp.67-69; 알리스터 맥그라스, 『기독교의 미래』, 박규태 역(서울: 좋은 씨앗, 2006), p.16 재인용.

실하지 않으면서 역사와 문화의 현실 속에서 하나님의 나라를 실현해 가는 과정이 필요하다. 문화신학자 폴 틸리히(Paul Tillich)의 "종교란 문화의 실체(substance)이며, 문화란 종교의 형태(form)이다."라는 유명한 명제에서 나타나듯이 종교는 인간정신 기능의 특수한 한 영역이 아니고 인간의 정신적 삶 속에 들어 있는 '깊이의 차원'이기 때문에 문화적 삶의 현상과 활동 전 영역과 종교신앙은 관련된다고 볼 수 있다.[47]

위의 문화신학의 명제를 받아들인다면 인간의 문화와 종교적인 인간의 심성은 구별되면서도 분리될 수 없게 된다. 그 문화를 창조해 가고 전승해 가는 문화공동체의 궁극적 관심, 곧 사람들의 종교적 신념과 초월경험과 가치 지향성이 문화 속에 내포되어 있기 때문이다. 모든 시대의 공동체가 지향하는 문화이념과 가치 속에 내재해 있는 '궁극적 관심'을 복음의 빛에서 비판적으로 조명하고 성찰함으로써 문화가 지니는 생명 창조적 기능과 생명 파괴적 기능을 분별해 내는 비평적 과제를 안고 있다. 왜냐하면 교회도 그 자체로서 하나의 문화적 성격을 띠고 있으며, 교회라는 그 자체가 특수 공동체로서 하나의 문화이기 때문이다.

문화선교의 사명은 한국교회를 사회에서 책임성 있게 문화를 변혁시키는 일을 하는 것으로만 국한시켜서는 안 된다. 한국교회는 문화선교를 보다 다양하게 펼치기 위하여 문화사역자를 지속적으로 교회가 발굴하고 후원하며 지지하는 과정이 필요하다. 이어 한국교회는 기독교 정신에 기초하여 건전한 문화를 형성하기 위해 능력 있는 다양한 문화사역자를 발굴, 배출함으로써 사회문화의 모든 영역 속에 하나님의 나라를 변혁시킨다는 본질적인 과제를 성실하게 준비해야만 한다.

문화사역자는 오늘날 선교적 사명을 가지고 올바른 건전한 신앙 아

---

[47] 파울 틸리히, 문화의 신학, 남정우 역(서울: 대한기독교서회, 2007), p.5.

래 자기가 맡은 자리에서 문화 프로그램을 개발하고 다양한 이슈를 만들어 내야 하며, 교회는 보다 긍정적인 사회문화 형성에 이바지할 수 있도록 적극적으로 후원과 지지를 보내야 한다. 무엇보다 교회 간, 지교회가 가지고 있는 문화선교의 사례를 공유하고 나누는 문화선교 연대의식이 필요하다. 지역 간 소규모의 교회들은 문화선교에 관련된 정보를 지역 간 특성에 맞는 문화선교적 상황을 공유함으로써 지교회에서 알지 못하였던 문화선교적 문제점들을 입체적으로 분석하고 평가함으로 지교회에 가장 알맞은 문화선교를 선택하여 적용할 수 있으며, 또한 지역 간 문화선교의 방향을 공유함으로 문화선교의 이중적인 과소비나 부담을 줄일 수 있는 긍정적인 방향을 모색해야만 한다.

이렇듯 이제 문화선교는 단순히 한국교회 속에 자리 잡은 개교회만의 특성을 살리기 위한 21세기 선교의 한 패러다임이 아니라 한국교회 전체가 지역사회 속으로 들어가 함께 공유하고 나누며 그리스도의 참된 정신을 확산시켜 나가는 데 힘을 기울여야 한다.[48] 더불어 교회와 교회 간의 함께 공존하고 서로 나눌 수 있는 정신이 있을 때, 한국교회는 지역 간 그리고 교회 간의 건전하고 균형 있는 발전을 함께 영위해 나갈 것이다.

---

48) 현재 문화선교를 시도하고 있는 교회를 서로 네트워킹(Networking)시켜 각 교회에서 개발된 문화 프로그램을 공유하고 수용하고 활용하며 다각적인 방향으로 건전한 문화전략을 수립하여 입체적인 문화선교를 만들어야 한다. 이것이 곧 하나님의 나라를 위한 주님의 몸 된 공동체로서의 진정한 의식이다.

2부
문화선교 실제편

영상문화의 현실진단과 교회의 문화선교적 과제:
TV와 인터넷 UCC를 중심으로

1. 현실진단

텔레비전이 영상문화를 선도해 왔다면, 90년대 웹 서비스가 개시된 이래 인터넷은 새로운 영상문화의 장이 되고 있다. 이천 년대 초반, 커뮤니티 포털의 전성시대를 거쳐 2005년 이후 미니홈피와 블로그 등 1인 미디어 시대가 시작될 때만 하더라도, 인터넷은 문자를 통한 문화적 욕구가 실현되는 장이었다. 그러나 2008년에는 웹 2.0이라는 기술적 지원에 힘입어 개별이용자가 제공하는 동영상 UCC(User Created Contents)가 등장하기 시작했으며, 개인이 콘텐츠 생산자이며 공급자가 되는 새로운 차원의 영상문화 시대를 개막하였다.

여기서는 여전히 영상문화의 주류를 형성하고 있는 텔레비전과 새로운 커뮤니케이션 구조의 선봉에 선 UCC를 중심으로 영상문화의 현실을 간략하게 진단하고, 교회의 문화선교적 대응방안을 고심해 보고

자 한다.

2. 원인분석

1) 텔레비전

2009년 하반기를 화려하게 장식한 드라마 "선덕여왕"은 40%를 웃도는 시청률을 기록하였다. 하지만 방송전문가들은 이 시청률을 DMB와 케이블 재방송, 인터넷 방송 등의 잠재 시청자 층을 고려했을 때 과거 50%를 기록했던 국민 드라마 '대장금', '주몽'과 맞먹는 수치로 보고 있다. 이는 급격한 기술발달과 더불어 텔레비전의 시청환경 또한 변하고 있다는 것을 의미한다. 거실에 자리 잡고 있는 대형 디지털 고화질 텔레비전이 시청률을 결정하고 있다면, 핸드폰과 PMP, 네비게이션은 시청률 조사기기가 부착되지 않았지만 시청자들에게 새로운 시청환경을 제공하고 있으며, 이 외에도 시청자들은 케이블 텔레비전을 통해, 쌍방향 소통을 선도하는 IPTV를 통해 송신자가 공급하는 프로그램을 수시로 접하고 있다.

이는 디지털 기술의 급격한 발달과 네트워크 변화로, 다양한 채널을 통한 프로그램이 공급된다는 것만을 의미하지 않는다. 수신환경의 변화는 영상문화 산업전반의 패러다임이 시시각각 변하고 있다고 있다는 것을 나타내고 있으며, 특별히 문화 콘텐츠 생산이 문화산업의 중심을 차지하고 있다는 것을 말해 준다. 과거에는 제한된 방송사가 생산될 콘텐츠를 결정하고 제작전반을 관할했다면, 이제는 콘텐츠에 의해 플랫폼이 지배

되는 디지털 패러다임으로 바뀌고 있다. 다시 말하면, 프로그램을 유통할 수 있는 있는 다양한 채널이 확보된 만큼, 시청자의 눈길을 끌 만한 양질의 콘텐츠 발굴과 생산이 문화산업의 핵심이 되고 있다는 것이다.

근래에는 미디어 문화 콘텐츠에 대한 기대치가 과거 어느 때보다 높아졌다. 노동환경의 변화로 여가시간이 늘어나고 경제력이 증가한 시청자들은 전통적인 공중파 방송 이외에도 추가적인 사용료를 지불해야 하는 뉴미디어 방송과 인터넷을 통해 양질의 콘텐츠를 찾고 있다. 잘 만들어진 오락물, 질 높은 교육 프로그램, 신선한 레저 정보 등 다차원적인 콘텐츠가 다양한 채널을 통해 공급되고 있다.

이제 영상문화의 공급채널로서 텔레비전을 획일적으로 규정할 수 없는 까닭은 기술발달과 함께 수신 및 송신환경이 급변하고 있으며, 문화 콘텐츠들이 다양화된 것 이외에도 문화주체로서 텔레비전 수용자들 또한 규정하기 어려운 소비 형태를 보이고 있기 때문이다. 한 연구에 따르면, 향후 텔레비전 영상문화의 수용자들이 소극적인 다수와 능동적인 소비자로 양극화될 것이라고 예견하고 있는데, 소극적인 소비자는 전통적인 텔레비전을 통해 편성표에 따라 텔레비전을 소비할 것이지만, 적극적인 소비자들은 IPTV나 인터넷을 이용해 쌍방향에 소통에 적극적으로 가담하고, 프로그램의 유통에 일정부분 참여하게 될 것이라 보고 있다.

2) UCC의 등장

웹 2.0 환경은 인터넷 이용자들에게 사이트를 개방하고, 콘텐츠를 공유하며, 콘텐츠를 지속적으로 가공하는 개방과 공유, 참여를 기치로 한다. 누구나 접근할 수 있는 열린 공간에서 이용자들은 자신들이 직접 생산하거나 가공한 콘텐츠를 다른 이용자들과 공유한다. 과거 소수 전문집단에게 맡겨졌던 문화 생산자의 역할이 일반 소비자들에게 맡겨지게 되었다. 영상편집 소프트웨어를 다룰 줄 아는 소비자들은 자신들이 촬영한 영상이나 기존의 영상을 편집하여 디지털 영상물로 변환할 수 있다. 이렇게 변환된 영상물은 다수의 불특정한 인터넷 이용자들에게 제공된다. 이제 소비자는 단지 소비자나 수용자가 아니라 문화생산자로 불리게 되었다. 특히 초기 UCC가 글과 사진 위주의 엔터테인먼트 콘텐츠 형태였다면, 이제는 동영상 위주의 정보 콘텐츠와 정보와 오락이 결합된 형태의 동영상 콘텐츠가 공급되면서, UCC가 인터넷 영상문화의 한 축으로 확고히 자리매김하고 있다.

현재 발 빠른 시장은 자본주의 메커니즘을 적용해 비영리적으로 생산된 UCC를 영리적인 목적으로 전환해 상업적인 유통을 꾀하고 있는바, 한국에서 소비자들이 UCC를 접할 수 있는 통로는 다음과 같이 정리할 수 있다. 먼저 자체 동영상 데이터베이스를 가지고 인터넷 포털과 제휴를 추구하고 있는 판도라 TV, 엠엔 캐스트, 엠군, 곰 TV 등이 있으며, 인터넷 검색 포털인 네이버와 야후, 다음 등도 동영상 서비스를 제공하고 있다. 아울러 기존 미디어들도 자사의 콘텐츠들과는 별도로 UCC를 생산해 배포하고 있다.

3. 대안적 지침

텔레비전은 현대인에게 영상문화를 공급하여 영향력을 행사하는 자장(磁場)이다. 텔레비전의 악영향을 우려해 텔레비전을 가정에서 추방하려는 노력은 이제 시대착오적일 뿐 아니라, 새로운 세대의 빈약한 윤리의식이 영상문화로부터 비롯된다는 주장도 이제는 더 이상 동의하기 어렵다. 텔레비전을 비롯한 영상매체는 이미 평범한 사람들의 '또 다른 가족'이 된 이상, 이제 교회가 고민해야 할 것은 어떻게 텔레비전을 문화선교적으로 활용할 것인가 하는 점이다. 텔레비전을 통해 비그리스도인들에게 어떻게 접근할 수 있을까? 교회 안의 그리스도인들에게 텔레비전을 어떻게 소비하도록 가르칠 것인가? 기존 콘텐츠를 어떻게 활용하는 것이 교회의 선교적인 사명을 감당하는 데 바람직한 방법일까?

더욱이 교회는 이제 촌각을 다투며 변화하는 웹 환경에도 적극적으로 대응할 필요가 있다. 참여와 소통을 모토로 하는 웹 2.0 환경에서 교회는 이제 정보 생산자가 되어야 하며, 소비자가 되고, 전달자가 되어 비그리스도인들과 소통을 시도하고, 교회 내부의 그리스도인들에게 양질의 콘텐츠를 제공해 줄 수 있어야 한다. 그렇다면 교회는 UCC를 어떻게 활용해야 하는가?

1) 질적 문화 콘텐츠의 생산

텔레비전을 문화선교적으로 활용한다는 첫 번째 의미는, 텔레비전이라는 매체을 통해 기독교적인 가치를 가진 문화 콘텐츠를 제공한다는 것을 의미한다. 질 높은 문화 콘텐츠가 다양한 채널을 통해 전달될 때, 기독교적 가치는 그리스도인들 뿐 아니라 비그리스도인들의 관심을 살 수 있다. 콘텐츠 중심의 패러다임으로 문화산업 구조가 바뀌고 있다는 것은 기독교 문화 콘텐츠가 일정한 수준을 담보할 때, 텔레비전을 통해 방영할 수 있는 채널을 확보하게 된다는 것을 의미한다. 그러나 문제는 교회가 비그리스도인들에게 접근할 수 있는 기독교 문화 콘텐츠를 개발할 수 있는가 하는 것이다. 더욱이 대중성과 상업성을 목적으로 한 일반 콘텐츠들의 물량공세를 상대할 만한 질적인 콘텐츠를 생산하는 것이 과연 가능한가 하는 점이다.

현재 예산상 여유가 있는 교회와 기독교 기업의 지원을 받아 기독교 문화 콘텐츠 생산에 고민하고 있는 단체는 다음과 같다. 먼저 방송사업자로는 CBS와 CTS가 있다. 기독교방송인 CBS 텔레비전의 경우, 콘텐츠 자체 제작률은 89.6%에 달하고 있으며, 전체 방송 중 설교방송을 중심으로 하는 선교파트가 68.2%, 기독교교양이 27.9%로 기독교 가치를 드러내는 프로그램이 압도적인 반면, 이 가운데 비그리스도인들의 시청을 유도할 수 있는 대중적인 문화 콘텐츠들은 상대적으로 많지 않은 편이다. 다음으로 개교회 차원에서 운영하고 있는 CGN TV는 위성과 케이블, IPTV, 모바일, 인터넷 등 다양한 채널을 통해 제공되고 있는데 말씀과 집회를 중심으로 풍성한 문화 콘텐츠를 중심으로 하고 있는 반면, 비그리스도인들과 문화적으로 소통 가능한 프로그램 생산 및 편성은 상대적으로 저조한 편이다. 텔레비전은 아니지만, 교회 문화 사역에 활용할 수 있는 콘텐츠를 생산하는 곳으로 한국기독교방송문화원, 교회영상네트워크 등이 있다.

실제로 질적 콘텐츠를 생산하기 위한 막대한 예산투여가 불가피하다는 점을 고려하면, 개교회 내지는 교회 간의 연합사업을 통해 경쟁력 있고 대중성을 담보한 영상 콘텐츠를 제작한다는 것은 용이한 일이 아니다. 오히려 기존 콘텐츠 제작자들에게 건강한 아이디어를 제공하고, 건전한 기독교적 가치를 가진 그리스도인 제작자들을 배출하는 것이 절실하다. 아울러 교회 안에서 활용할 수 있는 소규모 콘텐츠들이 활발하게 제작될 수 있도록, 특정단체에 대한 총회차원의 지원도 필요할 것이다.

2) 문화 콘텐츠의 비판적 소비

다양한 채널을 통해 공급되는 다양한 영상물을 어떻게 소비하는 것이 바람직한가? 문화 콘텐츠를 비판적으로 소비한다는 것은 무엇을 의미하는가? 지금까지 영상문화에 대한 '모니터 운동'은 대중매체에서 생산한 여러 프로그램 가운데 청소년들에게 부정적인 영향을 끼칠 수 있는 영상물을 가려내는 데 주안을 두었다. 모니터 분과는 대중들에게 해악이 될 만한 요소를 가지고 있는 매체나 프로그램을 걸러 내고자 했으며, 폭력적이고 반기독교적 정서를 담은 영상물을 차단하는 데 적극적인 노력을 기울였다.

그러나 이제는 홍수처럼 쏟아지는 영상물을 개별적으로 모니터링한다는 것이 현실적으로 불가능할뿐더러, 과거와는 확연하게 다른 영상문화의 환경이 매체 견제를 어렵게 하고 있다. 또한 영상매체의 수용층이 청소년들에 제한되지 않고 전 연령대로 확산되고 있는 형국이기 때문에, 전 연령층을 대상으로 한 적극적인 대안이 필요하다. 따라서 이제는 모니터 운동의 방향도 부정적인 영상 콘텐츠들을 견제하는 데서, 기독교적 가치를 담고 있고 긍정적인 영향을 끼칠 수 있는 좋은 콘텐츠를 발굴하고 시청을 장려하는 방향으로 전략적 수정이 필요하다. 공중파 방송을 통해 제공되고 있는 콘텐츠들 가운데, 선교적인 동인을 제공하는 프로그램들은 적극적으로 권장할 필요가 있으며, 그리스도인들의 사고의 지평을 넓혀 주는 영상 콘텐츠를 발굴해 시청을 권고할 수 있다.

아울러, 문화상품의 비판적 소비를 위한 미디어 교육도 병행되어야 한다. 미디어 교육이란 대중문화를 생산해 내는 미디어에 대한 교육으로서 대중들이 미디어를 주체적으로 걸러서 수용할 수 있는 능력을 배양시키는 교육이다.

3) UCC 저변확대

UCC는 그리스도인의 창의적이고 자유로운 작업이 가능하며, 대중적인 확산이 용이하다. 물론 최근 동영상 UCC가 출현하면서 저작권 문제, 음란물, 낚시성 동영상 등이 범람하는 등의 사회 문제가 발생했지만, 지금까지 어떤 매체보다 가장 능동적이고 비판적으로 참여할 수 있는 공간이라고 볼 수 있다.

실제로 교회 안에서 제작되는 영상물은 이제 웹 환경에서 공유되고 있는바 예배를 소개하고 각종 활동상을 담은 제작물들이 손쉽게 공유되고 있다. 문제는 이러한 UCC가 단지 기록물이 아니라, 문화선교에 일익을 담당하는 기능을 수행하고자 한다면 보다 근본적인 고민이 필요하다는 것이다. 아울러 UCC가 등장하면서 계속해서 거론되고 있는 지적 재산권과 저작권에 대한 사전이해가 각별히 필요하다.

대한예수교장로회의 지원을 받은 '교회영상네트워크'는 웹 2.0 시대 이후 동영상 제작과 유통의 편의성을 착안, 교회 안에서 교육자료 및 친교수단으로 활용하기 위한 영상 콘텐츠 개발에 특별한 힘을 쏟고 있다. 이들은 기독교 영상문화 콘텐츠를 개발하고 공유할 수 있는 네트워크를 형성하고자, 콘텐츠 개발자를 발굴하고, 지속적인 피드백과 재생산을 위한 수요층을 확대하는 데 전력하고 있다. 이제 개교회 및 총회는 좀 더 적극적으로 체계적이고 실용적인 콘텐츠 제작 및 유통에 간여할 필요가 있다. 영상물이 갖는 설득력과 영향력을 깨닫는다면, 교회는 창의적인 UCC 제작을 위한 전문적인 교육을 지원해 줄 수도 있을 것이며, 다수의 그리스도인들이 접근하여 참여하는 소통할 수 있는 장을 마련할 수 있을 것이다.

전통문화의 현실진단과 교회의 과제[49]

1. 조상제사 문제의 현실진단과 교회의 과제

1) 현실진단

  기독교가 한국에 전래되었을 때, 이 땅에는 이미 여러 가지 종교들과 그 문화들이 있었다. 이러한 환경 속에서 기독교과 전통문화와의 만남은 일정한 긴장관계를 형성하여 왔다. 그 가운데 중요한 문제들 중 하나가 조상제사에 관한 문제이다. 천주교는 조상제사를 적극적으로 수용하고 있고, 개신교도 일부에서는 조상제사를 인정하고 있다. 그러나 그렇게 하는 것이 과연 올바른 것인지는 깊이 생각해 보아야 한다. 조

---

[49] 조상제사에 관련한 본고의 내용은 다음의 논문; 현요한, "전통문화와 기독교-조상제사 문제를 중심으로"〈예장총회사회부 편, 『21세기의 도전과 문화선교』(한국장로교출판사, 2000)〉를 인용하였다.

상제사 문제는 기독교신앙의 정체성과 이단성 문제를 불러일으킬 수 있는 중요한 사안이기 때문이다. 조상제사 문제는 한국 기독교인들의 신앙정체성, 가족관계, 대사회적 선교 등의 문제와 관련되어 있기 때문에 꼭 해결해야 할 중요한 문제이다.[50]

2) 원인분석

조상제사 문제에 대한 교회의 입장과 해석이 다양하기 때문에 일부 교인들은 더욱 혼란스러워하고 갈등하고 있다. 복음이 문화를 무시하고 진공 상태에서 전파될 수 없기 때문에, 그 관계 설정은 매우 중요하다.

① 진보적 개신교의 경우

일부 개신교 지도자들은 로마 가톨릭과 비슷한 입장을 취하면서, 조상제사가 우상숭배가 아니라 조상에 대한 효심의 발로이자 추모의 방식이므로 기독교인이 조상제사를 해도 무방하다고 주장하기도 하였다. 몇 가지 진보적 의견들을 참고로 하면 다음과 같다. "제사는 돌아가신 분에 대한 공경과 감사의 표시이기 때문에 결코 우상숭배가 아니라는 계몽운동이 필요하다."[51] "신자들이 제사를 폐하다 보니 부모의 기일조차 잊어버리게 된 것은 선교사들 때문이다."[52] "전통의례의 제사와 장례를 우상숭배나 조상의 신격화로 설명하는 것은 기독교 신학의 편견이 빚어 낸 독단이다."[53] 조상제사를 수용하는 입장은 대개 이것을

---

50) 1980년대에 여의도순복음교회 조용기 목사가 조상제사에서 교인이 절을 할 수 있다는 취지의 말을 함으로써, 대한예수교장로회 통합측과 이단시비가 걸리기도 하였다.
51) 이장식(한신대 교수).
52) "기독교계에 제사 논쟁", 《한국일보》(1981. 12. 4), p.6.
53) 정진홍, "한국 기독인의 생활문화", 《중앙일보》(1982. 7. 2).

하나의 효행이자 문화적 요소로 보고, 복음의 토착화라는 차원에서 수용할 것을 주장한다.

② 보수적 개신교의 경우

조상제사는 일종의 예배 행위로서 기독교적 예배와 비교해 볼 때 분명한 우상숭배라고 본다. 기독교에서는 어떤 대상도 하나님을 상징하거나 대치할 수 없다. 그러므로 죽은 자가 아니라, 살아 계신 하나님께 예배를 드려야 한다.[54] 조상을 섬기는 것이 아니라, 조상의 하나님께 예배해야 한다.[55] 또한 성경에 따르면 죽은 자들의 영혼은 사후에 제멋대로 떠돌아다니는 것이 아니라 살전 4장 13~18절에서 말하는 바와 같이 잠자고 있으며 하나님께서 부활 때 데리고 오신다고 하셨다.[56] 그러므로 구천을 떠도는 혼령을 섬기는 것은 기독교적 관점에서 용납할 수 없다. 사후 영혼에 대하여 성경은 그들이 죽은 즉시 영혼을 주신 하나님께로 간다고 설명한다(눅 23:43, 전 2:7, 히 12:23, 행 3:21, 엡 4:10). 따라서 사후에 영혼이 구천을 배회하거나 자손의 섬김을 받거나 또 다른 구원의 기회를 가질 수 없다는 것이다(눅 16:23-24, 행 1:25, 벧전 3:19). 따라서 제사나 후손의 공적이 영혼의 존재 양태를 바꾸지 못한다.[57] 또한 죽은 자와 산 자는 서로 대화하거나 교통할 수 없다는 것이 성경의 가르침이다(눅 16:19-31, 거지 나사로의 비유).

---

54) 이종윤, "조상숭배 문제에 대한 성경적 대답"; 이종윤 편, 『한국교회와 제사 문제』, pp.12-13.
55) 이종윤, 같은 책, p.14.
56) 이종윤, 같은 책, p.18.
57) 이종윤, 같은 책, pp.22-23.

③ 통합적 모델

　가. 조상숭배 제사에서 기독교가 수용할 수 없는 요소들

　　㉮ 기독교는 조상을 제사를 받을 수 있는 하나의 신으로 여기는 것과 신에게 제사하듯이 절하는 것, 지방을 쓰고 제상을 차려 올리고 향을 피우고 절을 하는 것 등을 받아들일 수 없다. 우리의 예배를 받으실 하나님은 오직 한 분뿐이며, 그 외 어떤 존재라도 신적인 위치에 올려놓는 것은 우상숭배로 여긴다(출 20:3-5).

　　㉯ 기독교는 조상의 신령이 복과 화를 내린다는 것을 받아들일 수 없다. 우리는 인간 삶의 모든 것이 하나님의 섭리에 달렸다고 믿으며, 조상신이 주관한다고 믿지 않는다(사 45:5-7).

　　㉰ 기독교는 조상을 천신과 우리 사이의 중보자 격으로 생각하는 것을 받아들일 수 없다. 우리는 하나님과 우리 사이의 신적 중보자는 오직 유일하신 독생자 예수 그리스도임을 믿는다(빌 2:5-11, 행 4:12).

　　㉱ 기독교는 죽은 조상의 혼령와 교통하는 것을 받아들일 수 없다. 우리는 하나님의 성령과 그 지시를 따르는 천사가 아닌 어떤 존재와도 영적교류를 가질 수 없으며, 또 가지는 것을 금하고 있다고 믿는다(레 19:31, 20:27, 신 18:10-12).

　나. 조상숭배 행위에서 기독교가 이어서 취할 수 있는 문화적 요소들

　　㉮ 부모에 대한 공경 : 우리는 하나님의 말씀을 따라 부모를 공경하는 마음과 행위를 가져야 할 것이다. 따라서 효(孝)의 윤리는 기독교의 가르침과 조화될 수 있다.

㉯ 세상을 떠난 조상에 대한 추모 : 문제는 이미 세상을 떠난 조상에 대한 공경인데, 우리는 그들을 신령으로 여겨 제사할 수는 없지만 하나님께서 그들을 통해 우리를 세상에 내시고 양육해 주신 것에 대하여 감사하고, 그들의 생전의 삶에 대하여 추모할 수 있다. 특별히 조상이 남긴 신앙의 모본과 교훈을 되새기는 것은 매우 중요한 일일 것이다.

㉰ 성묘: 우리는 조상의 무덤을 찾아 성묘하며, 부활의 소망을 일깨우는 것도 유익하다고 본다. 그러나 성묘의 경우 우리는 유교나 불교 혹은 무속의 복잡한 체계를 믿지 않으므로 삼우제(三虞祭) 등과 같이 날짜에 매이는 의식을 필요로 하지 않는다.

㉱ 그리스도 안에서 조상들과의 연합의 문제: 한 가지 생각해 볼 것은 세상을 떠난 조상들과의 교통의 문제이다. 이미 지적했듯이 우리가 조상들의 영혼과 직접적으로 교류함은 허락되지 않는다. 그러나 세상을 떠난 조상들도 그리스도 안에 있고 우리도 이 세상에서 그리스도 안에 있다면, 우리는 이미 그리스도 안에서 하나인 것이다. 그러므로 우리는 직접 조상들의 영혼과 교류할 수는 없지만 그리스도 안에서 간접적으로 일치하고 있으며, 조상의 영이 아니라 그리스도의 성령 안에서 일치를 경험할 수 있다. 이 점은 그간의 추모예배에서 부족했던 측면이라고 생각된다.

3) 대안적 지침

① 추모예식(예배예식서)

대한예수교장로회 총회에 의해 1997년에 개정 출판된 『표준예식서 - 가정의례 지침』에 2008년에 새롭게 개정한 『대한예수교장로회 예배·예식서』에 제시된 추모예식을 종합하여 그 지침과 순서를 여기 옮겨 소개한다.[58]

가. 지침

㉮ 고인이 별세한 날 하는 것이 좋고, 시간과 장소는 가족의 합의 하에 하는 것이 좋다. 추모일이 주일과 겹치면 전날이나 다음날 하는 것이 좋다.

㉯ 대상범위는 직계에 한하는 것이 좋다.

㉰ 추모예식은 고인의 자녀생존 시까지 함이 좋다.

㉱ 고인의 가까운 친척들이나 친지들에게 추모예식이 있음을 알릴 수도 있다.

㉲ 고인의 사진과 신앙적 유품(성경, 찬송)과 약력을 준비하고, 생전에 녹음해 놓은 육성이나 녹화해 둔 것이 있으면 준비하는 것이 좋다.

㉳ 식전을 꾸며 놓을 경우, 상 위에 사진을 놓고 꽃으로 장식할 수 있다.

㉴ 음식을 준비하되 진상(상차림)해서는 안 되며, 추모예식 후에 나누도록 함이 좋다.

---

[58] 총회예식서개정위원회 편, 『대한예수교장로회 예배·예식서』(서울: 한국장로교출판사, 2008), pp.465-471.

나. 추모예식 순서

집례 : 맡은 이

예식사	딤후 1:3-4	집례자

이 말씀에 의지하여 지금부터
고 OOO 씨(성도, 직분명)의 추모식을 시작하겠습니다.

신앙고백	다같이
찬송 ········ 485장 혹은 606장, 혹은 고인이 좋아하는 찬송	다같이
기도	맡은 이

기도문

성경봉독	히 11:1-12, 혹은 계 21:1-7, 잠 3:1-10, 눅 16:19-31	집례자
권면과 위로		집례자
약력/기념사		맡은 이

고인의 약력 보고, 추모사, 유언 혹은 유서나 유물 소개
고인의 육성 녹음 등

찬송	481장 혹은 492장, 혹은 고인이 좋아하는 찬송	다같이
축도		목사

② **추모기도문**

만물의 창조자이시며 우리 인생을 주관하시는 하나님, 저희를 부르시사 예수 그리스도의 은혜와 성령님의 도우심으로, 죄와 죽음 가운데 있는 저희에게 영생과 부활의 소망을 주시니 감사합니다. 오늘 저희는 돌아가신 OOO를 추모하며 이 자리에 모였습니다. 은혜로우신 창조주

하나님, 하나님께서 OOO를 세상에 보내 주시고, 그를 통하여 저희에게 생명을 주시고, 온갖 사랑의 보살핌을 받게 하셨던 것에 감사합니다. 고인이 살아 계실 때, 여러 가지 어려움도 있었지만, 그 모든 일들 가운데서 하나님의 은혜로 서로 정을 나누며 살게 하셨던 것을 기억하며 감사를 드립니다. 하나님의 그러한 은혜에도 불구하고 저희가 하나님과 고인의 마음을 아프게 했던 모든 허물과 죄를 용서하여 주시옵소서. 이제 OOO는 저희를 떠났으나, 하나님께서 그를 통해 저희에게 주셨던 사랑과 교훈들을 기억하며, 날마다 주님의 위로와 하나님 나라의 희망 가운데 살게 도와주시옵소서. [특별히 저희가 그를 통하여 물려받은 신앙의 유산을 잘 간직하여, 믿음으로 살아가도록 도와주시옵소서.]

[자비로우신 하나님, 이제 OOO는 이 세상을 떠났지만, 그는 우리 주님 품 안에 쉬고 있음을 저희는 믿습니다. 지금 비록 저희는 직접 그를 만나볼 수 없으나, 주님 안에서는 우리가 하나로 연합되어 함께 있으니 그 은혜를 감사하오며, 이후에 주님을 영광 중 뵈올 때, 그를 다시 만나볼 희망이 있으니 또한 감사합니다.] 자비로우신 하나님, 여기 산 자나 또한 죽은 자나 모두 주님 손에 있사오니 저희에게 긍휼을 베풀어 주시옵소서. 이제는 저희가 우리 주 예수 그리스도의 은혜 가운데서 이 세상의 모든 슬픔과 고난을 기쁨으로 이기게 하시고, 하나님의 나라와 뜻을 이 땅에서 이루며 살게 도와주시옵소서. 예수님의 이름으로 기도합니다. 아멘.

*[ ]괄호는 특히 고인이 신자였을 경우에 사용하면 좋다.

2. 국악찬양의 현실진단과 교회의 과제

1) 현실진단

90년대 초반에 들어 '국악의 해'가 선포되면서 수많은 국악 관련 서적이 출판되기 시작하였으며 매스컴과 각 학교에서도 국악에 대한 열기가 나날이 높아지고 있다. 과거에는 국가적으로 또는 미디어를 중심으로 국악을 보급하고 장려하였지만, 지금은 국악에 대한 접근이 훨씬 다양화되었고, 용이하게 되고 있는 실정이다. 각 지방별로 마련된 음악당이나, 서울에서는 구민센터에 가면 쉽게 국악을 감상하거나 국악을 배울 수 있는 프로그램이 마련되어 있다. 또한 국악과 관련된 동호회나 소모임들이 활발하게 활동하고 있다. 물론 어느 때보다도 국악이 서구화되어 있는 지금이지만, 과거보다는 좀 더 우리 사회에 뿌리를 내리고 있다고 볼 수 있다.

이러한 국악에 대한 관심을 반영하면서 기독교계에서도 국악찬양에 관한 많은 노력을 해 오고 있다. 진보적인 진영의 몇몇 교회에서는 기독교의 토착화라는 관점에서 예배의 형식을 과감하게 전통적으로 바꾸고 예배에 사용되는 찬양도 국악으로 사용하고 있으며, 보수적인 진영에서도 국악찬양단을 두어 특별한 행사나 예배 때에 활용하고 있는 곳이 많아지고 있다. 이렇게 몇몇 교회를 중심으로 국악에 대한 관심이 커져 가고 있으나 교계의 전체적인 상황을 보면 여전히 한국교회는 국악을 도입하는 부분에서 적극적이지 않은 모습을 보이고 있다. 대부분의 교회에서는 여전히 기존의 서구음악을 따라가거나 현대에 맞는 CCM을 찬양곡으로 사용하고 있다.

2) 원인분석

교회가 국악에 대해서 갖는 미온적인 모습은 국악에 대한 교회의 무관심에서 기인하기도 하며, 국악 자체에 대한 부정적인 태도에서도 기인한다. 또한 국악에 관심이 있지만, 그것을 어떻게 도입하고 실행할 것인지에 대한 방법론의 문제에서 기인하기도 한다. 크게 세 가지 차원에서 그 원인을 추려 보면 다음과 같다.

첫째로, 국악에 대한 교회의 부정적인 관점이다. 이런 관점에는 국악 자체가 기독교 음악으로는 적합하지 않다는 생각이 깔려 있다. 국악은 우리나라 민족의 반기독교적 전통문화를 근간으로 하기 때문에 그 음악 자체가 반기독교적이라는 것이다. 어떤 나라의 전통음악도 마찬가지이겠지만, 우리의 국악도 그 속에 이미 독특한 종교적 배경을 깔고 있다. 과거 모든 음악들은 바로 종교적 제의와 밀접한 관련을 맺고 있듯이 국악도 그런 특정한 종교적 토양 위에서 자라난 것이다. 따라서 이런 종교적 배경을 갖고 있는 국악이 기독교에서 활용될 수 있느냐는 주장이다.

둘째로, 국악에 대한 교회의 무관심한 태도이다. 이 관점은 국악 자체가 기독교 음악으로 적합한 것이냐의 문제를 논외로 하더라도 과연 이 시점에서 국악이 왜 필요한지에 대한 해명을 요구한다. 현대 사회는 과거 어느 때보다 국가 간의 장벽이 사라지고 세계화되고 있다. 아침에 일어나 인터넷을 켜면, 전 세계의 뉴스와 사람들이 살아가는 이야기들을 접할 수 있다. 지구의 어느 조그만 지역에서 발생한 사건도 지구에 사는 모든 사람들이 인터넷으로 즉시 알 수 있는 시대를 살아가고 있다. 민족 간의 특성, 취향, 생활습관들이 자신만의 독특성을 잃어 가고 점점 비슷해져 간다. 세계화의 시대를 살아가고 있는 우리에게 우리의 과거 전통문화는 오히려 우리에게 낯선 것이 되어 버렸다. 이런 상황에서 '우리의 것'을 찾고, 국악을 찬양으로 사용하려는 노력이 무슨 의미가 있겠느냐는 주장이다. 우리의 국악을 재발견하고 널리 보급하려는 노력을 통해서 소기의 성과를 기대할 수 있지만, 왜 수고스럽게 그렇게 해야 하는지에 대한 문제는 여전히 남아 있다. 우리의 전통음악인 국악 자체가 이미 우리에게는 낯선 것, 우리 몸에 맞지 않은 것이 되어 버렸기 때문에 교계를 포함한 많은 사람들이 국악에 대해서 무관심할 수밖에 없다.

셋째로, 국악찬양에 관심이 있지만, 그것을 실제 예배에 어떻게 적용할 것인지에 대한 기술적, 방법적 문제에 기인한다. 전통음악을 예배에 도입하려고 하지만, 방법론의 문제 때문에 곤란을 겪는 교회가 많이 있다. 기존 서구음악에 익숙해 있는 찬양과 예배형식에 국악을 도입하는 것은 서구의 기독교를 비서구권에 토착화시키는 것과 마찬가지로 복잡하고 민감한 작업을 필요로 한다. 이것은 단지 국악찬양을 예배 속에 몇 곡 삽입하는 것을 의미하지 않는다. 이를 위해서는 국악과 서양음악, 그리고 예배학에 대한 통합적인 연구가 필요한, 그 자체로서 전문성이 요구된다. 이런 체계적이고 전문적인 연구가 축적되지 않은 상황에서 각각의 개교회가 국악찬양을 도입하는 것 자체가 무리일 수 있다. 실제로 어떤 교회는 교회의 문화사역의 일환으로 전통음악을 예배에 도입하려고 몇 번 시도를 하다가 이런 문제를 절감하고 포기하는 경우가 있었다.

3) 대안적 지침

이러한 문제를 극복하기 위해서는 먼저 국악에 대해서 교회가 가지고 있는 부정적이고, 무관심한 인식을 극복하는 것이 선행되어야 할 것이다. 이러한 문제를 극복하는 것은 국악이 여전히 이 시대에 교회에서 사용되어야 하는 필요성을 절감하는 것이다. 그리고 국악을 도입하기 위해서 필요한 기술적, 방법론적인 문제를 해결하는 것이다. 여기서는 교단차원의 노력과 지역교회 차원의 협력이 각각 필요하다.

① 국악에 대한 인식의 문제해결

국악에 대해서 부정적인 인식을 갖는 이유는 과거 사회적, 종교적 배경을 갖고 있는 국악이 기독교와는 서로 이질적이라는 생각 때문이다. 하지만 음악은 그 자체로 종교나 사상에 매여 있는 것이 아니다. 그 음악이 종교나 사상과 관련을 맺는 것은 음악 그 자체가 아니라, 그 음악에 사용되는 가사를 통해서 가능해진다. 실제로 우리가 부르고 알고 있는 찬송가들 중에는 처음부터 기독교 음악에 사용되기 위해서 만들어진 것이 아닌 것이 많다. 처음에는 특수한 민요였다가 찬송가가 된 것이 있으며, 대중들의 연애 노래에다 기독교적 가사를 붙여서 찬송가가 된 것도 많이 있다. 현대에 CCM이 사용되는 것도 이와 같은 것이다. 따라서 국악이라고 해서 비기독교적이기 때문에 교회찬양으로 사용하는 것이 불가능하다는 이야기는 맞지 않는다. 오히려 국악이야말로 우리의 정서와 감정을 가장 잘 표현해 준다는 점에서 이점이 있다.

또한 국악에 대해서 무관심한 입장에서는 국악이 오히려 세계화된 현대 시대에 낯선 음악이기 때문에 굳이 잊어버린 어려운 국악을 현대에 접목할 필요가 있겠느냐는 생각이다. 현대 사회가 국가 간 장벽이 사라지고 세계화가 된 것은 사실이지만, 그것이 곧바로 어떠한 다양성이 사라진다는 것을 의미하는 것은 아니다. 지구는 하나의 단일한 세계로 나아가지만, 동시에 그 속에는 다양성이 존재한다. 매체를 통해서 세계가 아무리 가까워지고 익숙해진다고 하더라도 거대한 세계 속에서 각 국가와 사람들이 자신의 지역적 한계를 극복한다는 것은 쉽지 않은 일이다. 우리는 세계화되어 있지만, 여전히 우리의 자리, 우리의 삶, 우리의 역사, 우리의 전통은 우리와 관련을 맺고 있다. 우리가 경험하고 있는 것은 그런 각 민족과 나라들의 독특함이 다양성을 이루고 있는 세계화이다.

이런 상황에서 우리의 전통문화는 단순히 변화 없이 그대로 계승해야 하는 것도, 아니면, 완전히 단절시켜야 하는 것도 아니다. 우리의 자리, 우리의 것을 좀 더 세계적 환경에서 적용될 수 있게끔 변화와 계승을 동시에 이루어 나가야 한다. 이런 점에서 국악을 교회음악에 도입하는 문제도, 단순히 우리 전통을 살린다는 차원에서, 아니면, 시대의 뒤떨어졌기 때문에 거부하는 것이 아니라, 서구음악에 의해서 단절된 우리의 찬양을 과거 우리 삶의 자리와 연결 짓고, 좀 더 이 시대에 맞게 계승시킨다는 관점에서 접근해야 한다. 그러할 때 우리의 찬양을 더 잘 표현하고, 더 풍성하게 할 수 있다.

② **기술적, 방법론적인 문제해결에 대한 지침**
    가. 교단차원의 지침
        ㉠ 먼저 국악에 대한 전문적인 연구를 위해서 국악과 서구음악, 예배학을 전문적으로 연구하는 연구기관을 마련한다.

㈏ 국악찬양에 대한 연구를 통해서 지역교회에서 사용할 수 있는 통합된 국악찬양집을 만든다.
㈐ 국악 찬송가를 만들 때 기존 오르간과 국악기들의 협주가 가능하도록 작곡, 편곡한다.
㈑ 각 신학대학 교과과정에 국악찬양 활성화를 위한 교과과정을 신설한다.
㈒ 국악찬양이 모범적으로 활성화된 교회현장을 영상자료로 만들어 여러 교회에 널리 보급한다.
㈓ 서양악기들과 협연할 수 있도록 가능한 한도 안에서 서양악기와 국악기를 개량한다.

나. 지역교회 차원의 지침
㈎ 국악찬양을 도입하기 위해서 필요한 재정적인 지원을 한다.
㈏ 교회 각 기관에서 절기 별 국악 찬송 가사와 가락을 응모하고 발표회를 연다.
㈐ 장구나 북, 피리, 해금, 대금, 가야금, 아쟁, 거문고, 훈 등의 악기활용을 시도한다.
㈑ 어린이부, 청소년부, 청년부, 여전도회 등 기관별 국악찬양단을 조직하고 육성한다.
㈒ 국악찬양이 성공하기 위해서 교회는 장기적 안목에서 이를 위한 통합 기구를 마련하고, 완전히 정착될 때까지의 계획을 수립하고 이를 실천해 나간다.

3. 모범사례

1) 향린교회

향린교회는 국악을 교회에 도입하는 데 가장 적극적인 교회라고 할 수 있다. 다른 교회가 특별한 행사 때나 아니면, 국악찬양을 예배에 몇 곡 넣는 정도에 그치는 데 비해서 향린교회는 서구적 예배형식을 우리의 전통적인 형식으로 바꾸어 드리고 있다. 예배에 사용되는 용어도 순 우리말로 바꾸고, 예배시작과 끝을 알리는 종을 우리의 전통악기인 징으로 대체했다. 회중의 송영은 국악으로 바꾸고, 성가대의 찬양도 한 달에 한 번은 국악찬양을 드린다. 또한 기존의 피아노, 오르간과 함께 교회 내의 국악 실내악단인 예향이 있어서 국악을 연주한다. 국악예배에 사용되는 국악찬양집도 교회차원에서 만들어서 사용하고 있다. http://www.hyanglin.org

2) 성실교회

성실교회를 담임하고 있는 이정훈 목사는 국악을 예배에 접목하기 위한 활발한 연구를 해 왔다. 성실예배문화원을 만들어 우리의 전통문화를 예배에 적용하는 연구와 전통음악에 대한 교육을 하며, 국악예배를 전파하는 데 힘을 쏟고 있다. 또한 《성실문화》라는 계간지를 통해서 예배와 전통음악에 대한 폭넓은 자료를 제공하는 데 힘을 쏟고 있다.

3) 한국국악선교회

한국국악선교회는 1984년에 초교파적으로 설립된 단체이다. 주로 국악찬양을 만들고, 그것을 보급하며, 세계 여러 국가에서 국악찬양으로 복음을 전하는 사역을 하고 있다. 음반도 제작하여 보급하고 있다. http://www.ktmm.co.kr/

4) 아리랑선교단

1999년에 창단되었으며, 국악찬양 보급을 위해서 강습과 세미나, 정기공연, 국악예배를 매주 드리고 있다. 현재 전속단원이 7명, 정단원이 16명, 준단원이 7명 정도이고, 그 외 명예단원과 회원을 합치면 100명 정도의 규모를 가지고 있다. 국내뿐만 아니라 필리핀, 일본, 러시아, 중국, 방글라데시, 사이판, 대만, 키르키즈스탄, 태국, 이스라엘, 미얀마 등의 해외, 그리고 국내 오지마을에도 국악으로 선교활동을 펼치고 있다. http://cafe.daum.net/shw2040

5) 시냇가의심은나무

시냇가의심은나무는 1995년에 창단되어 지금까지 활동하고 있는 영락교회의 국악찬양단이다. 시냇가의심은나무는 현재 매달 마지막 주 '영락문화공간' 시간에 국악교실과 연주회를 열고 있고, 특별예배 때에 국악연주로 섬기고 있다. 또한 비정기적이지만 연주회를 열고, 전국 여러 교회에서 연주회와 교회행사를 섬김으로써 한국교회의 국악보급을 위

해서 좋은 활동을 하고 있는 단체이다. http://sinetga.org

3장

Eco 시대 속에서 교회가 나아갈 문화선교전략

1. 현실진단

환경에 대한 관심은 이제 보편적인 관심이 되었다. 인간의 활동으로 인해 급격하게 변한 지구환경은 이제껏 예측하지 못한 결과를 가져오고 있고 환경의 급격한 변화에 따른 환경재앙은 고스란히 환경약자들이 짊어지게 되었다. 환경의 변화에 따른 피해마저도 경제적인 약자(제3세계 국가나 경제적 기반이 취약한 계층들)들이 입고 있다. 세계는 이제 근대적인 발전모델로는 더 이상 지구의 평화와 안녕을 기약할 수 없다는 것을 깨닫고 지속가능한 발전을 위해 친환경적이고 친생태적인 모델로 모든 시스템을 바꾸어 가려고 하고 있다.

이러한 세계의 흐름에 발맞추어 한국사회에서도 환경부를 비롯하여 모든 기업과 단체들이 환경에 대해 관심을 가지고 친환경에 대한 경쟁력을 키우기 위해 노력하고 있다. 이러한 상황에서 기독교계의 관심과 노력이 절실히 필요하다고 본다. 현재 '기독교환경운동연대'를 비롯한 기독교 NGO 단체 등에서 이미 많은 운동을 하고 있으며 교단차원에서도 대한예수교장로회(통합)의 '생명살리기' 운동을 비롯하여 여러 노력을 기울이고 있다. 하지만 이러한 환경운동들이 몇몇 단체에만 국한되어 있고 아직도 개교회 차원에서 환경적 담론과 과제가 실천되지 못하고 있는 형편이다.

2. 원인분석

이렇게 된 원인에는 교회의 관심 부재가 가장 큰 원인이다. 하나님께서 인류에게 부여한 생태적 명령에 대해 관심을 기울이기보다는 교회의 외부적 성장에만 관심을 기울인 결과, 교회의 생태적 노력의 부재 현상을 가져왔다. 이러한 생태적 신학과 철학의 부재는 반생태적인 모습을 보이기도 했다. 어떤 의미에서 보면 교회는 교회건축을 위해 많은 오염물질을 양산해 내기도 했다. 또한 생태적, 환경적 고려를 하지 않은 채 기도원과 수양관을 짓기도 했다. 그러나 무엇보다 교회의 책임은 환경오염과 생태문제에 대해 적극적으로 관여하지 않았다는 점이다. 교회도 이제 생각의 변화를 통해 하나님께서 창조하신 환경을 지키고 보존하는 데 적극적으로 나서야 한다. 지금까지 환경문제는 교회와 관련이 없고 교회가 할 수 없는 일이라고 생각해 왔다. 하지만 그러한 생각들을 바꾸어 나가고 교회가 환경을 보존하는 일에 적극 참여한다면 교회에 대한 시민들의 인식전환이 보다 효과적으로 이루어질 뿐만 아니라 생태적 명령의 이행을 통해 창조세계를 보존하고 교회본연의 임무를 수행할 수 있게 될 것이다.

3. 대안적 지침

1) 친환경 교회 만들기[59]

현재 한국교회는 점점 대형화되어 가고 있으며 교인이 만 명이 넘는 초대형 교회들도 등장하고 있다. 그러나 교회가 아닌 교회건물이 너무 지나치게 대형화되는 것은 환경적 측면에서 친환경적이라고 볼 수 없다. 일단 건물이 크다 보면 지역사회와의 융화가 쉽지 않고 에너지도 비효율적으로 사용되기 때문이다. 교회의 대형화로 인해 교인들이 예배시간에 집중적으로 모일 경우 주변 도로의 교통체증과 교인들의 차량으로 인한 매연과 소음은 지역주민들과 교인들에게도 좋지 않은 영향을 준다.

대형교회의 건물의 경우 건축비의 비용도 상당하지만 그 규모의 교회당을 유지하는 데 많은 에너지와 비용이 들어간다. 실제 100억 원대 이상의 건축비를 들여 건축한 규모의 교회를 유지하는 데 냉난방 등과 더불어 제반 유지비만 연간 억대 이상의 비용이 들어간다. 천주교는 2~3천 명 정도의 성도가 오게 되면 새롭게 건축을 한다고 한다. 개신교도 한 교회의 건물을 크게 재건축하기보다는 주일에 최대 2~3천 명

---

[59] 손석일, "교회의 친환경적 운영을 위한 제안", 『지구적 교회, 지구환경을 생각하다』(서울: 기독교윤리실천운동 편, "교회의 사회적 책임 2.0 포럼" 자료집, 2009), pp.24-26.

(혹은 그보다 더 작아도 좋다)을 수용하는 정도의 교회건물들을 계속 건축해 나가면 교회와 지역사회는 조화될 수 있으며, 에너지를 효율적으로 사용할 수 있다. 이렇게 되면 요즘 대형교회들이 주차장 문제로 지역사회와 자주 마찰이 생기는 현상 등도 막을 수 있다. 교회의 성도가 많아지면 분립 개척하여 다른 곳에 지교회를 세우고 그 지역과 호흡할 수 있는 교회를 건축하는 것이 환경적인 측면에서 바람직할 것이다.

또한 교회를 둘러싼 담을 헐고 정원을 가꾸어 친환경적인 교회를 만들고 지역주민들이 휴식하고 자연을 누릴 수 있도록 배려하는 것도 좋다. 현재 서울시 안에 있는 몇몇 교회들도 이러한 움직임에 서서히 동참하고 있다. 또한 기독교환경운동연대에서도 '교회를 푸르게'라는 캠페인을 통해 담장을 허물고 산울타리와 녹색쉼터를 조성하고 작은 정원이나 모퉁이 숲을 조성하거나 옥상에 하늘동산을 조성하는 운동을 하고 있다.

교회건축을 새롭게 하거나 기존의 사용하던 건물을 리모델링할 때에도 당연히 친환경 건축재료를 사용해야 할 것이다. 그리고 인테리어 또한 친환경적이어야 할 것이다. 재료도 가능하면 재활용 재료를 사용하고 그 안에 들어갈 집기들도 재활용 센터에서 중고로 구입하거나 쓰던 것을 리폼(reform)하여 사용하는 것이 바람직하다. 이렇게 하면 건축비용도 절감할 수 있고 교회가 재활용의 모범을 보이는 것이기 때문이다.

교회 내부의 인테리어를 하는 데 있어서도 좀 더 자연친화적으로 하는 것이 좋다. 자연채광을 많이 사용할 수 있도록 한다면 조명에서 전기 절약의 효과를 가져 올 수 있다. 또한 많은 사람들이 한꺼번에 들어와 예배를 드려도 문제가 없도록 환기시설이나 공기청정시설을 하는 것도 좋다. 그리고 예배당은 물론 사무실과 복도, 식당 등에 공기정화식물을 둔다면 교인과 교직원들의 마음도 편안해질 수 있다. 이렇게 자연친화적인 실내 디자인은 시각적인 효과와 더불어 각종 실내오염물질들로부터 보호하고 안정감도 주어 업무에도 효율적일 수 있다.

자연친화적인 교회를 만들기 위해서 우선되어야 할 것은 담임 목사님과 당회를 비롯한 교회 지도자들의 친환경적인 인식 변화이다. 아무리 교단에서 친환경 운동에 대해서 강조를 하고, 환경단체에서 좋은 환경 프로그램과 캠페인을 해도 그 교회의 지도자들의 친환경에 대한 실천의지가 없으면 친환경적 교회 만들기는 매우 어려운 일이 될 것이다.

2) 친환경 교육과 캠페인

환경에 대한 문제는 궁극적으로 우리를 비롯한 인류의 삶 자체가 바뀌지 않으면 해결될 수 없다는 점에서 교회는 사회의 어느 부분보다 이 점을 잘 인식하고 해결책을 제시하고 교육할 의무가 있다. 따라서 친환경교육의 내용은 환경과 환경선교에 대한 성서적인 이해에서 비롯되어야 한다. 즉, 환경선교는 단순히 우리의 삶의 질을 개선한다는 목표 이전에 하나님의 창조질서 회복에 동참한다는 차원, 곧 예수 그리스도의 재창조의 역사에 참여한다는 신앙고백의 차원에서 시작된다. 이런 기초 위에서 우리 생활 가운데에 있는 간단한 문제부터 접근하면서 필요한 교육이 이루어지도록 해야 한다. 기독교환경운동연대[60]가 추진하고 있는 각종 환경 운동에 참여하는 것이 교회와 교인들에게 유익하다. 기

---
60) http://www.greenchrist.org

독교환경운동연대는 '녹색교회십계명', '녹색기독인십계명', '기독인물사랑수칙', '기독인에너지절약수칙', '생명밥상수칙', '녹색교회다짐', '녹색수련회지침', '생활속CO_2다이어트서약' 등을 제안하고 있다.

녹색교회십계명

1. 환경주일(6월 첫 주일)을 정하여 지킵니다.
2. 신음하는 피조물을 위해 기도합시다.
3. 하나님의 창조세계 보전을 위해 설교합시다.
4. 청조보전을 위한 교육과 훈련을 합시다.
5. 환경전담 부서를 둡시다.
6. 환경을 살리는 데 예산을 사용합시다.
7. 불필요한 행사를 줄이고 소비를 절제합시다.
8. 냉난방을 절제합시다.
9. 중고품, 재활용품, 환경상품을 애용합시다.
10. 지역사회, 교회들 간에 환경보전을 위해 연대합시다.

녹색기독인십계명

1. 일회용품을 쓰지 맙시다.
2. 이용합시다. 대중교통.
3. 삼갑시다. 합성세제.

4. 사용합시다. 중고용품.
5. 오늘도 물, 전기를 아껴 씁시다.
6. 육식을 줄이고, 음식을 절제합시다.
7. 칠일은 하나님도 쉬셨습니다. 시간에 쫓기지 않게 삽시다.
8. 팔지 맙시다. 소비광고에 한 눈을.
9. 구합시다. 작고, 단순하고, 불편한 것!
10. 십자가 정신으로 가난한 이웃을 도웁시다.

3) 친환경 선교[61]

앞에서 언급한 대로 교회의 담을 헐고 교회마당을 지역주민의 휴식처로 탈바꿈하며, 평일에는 주차장을 개방하여 지역주민들이 이용할 수 있게 해야 한다. 여기에 계절마다 예쁜 꽃도 심어 놓고 주변공간과 잘 어울리는 벤치도 갖다 놓는다면 좋은 산책과 쉼의 공간이 될 것이다. 때로는 꽃나무를 파가는 경우나 교회시설이 망가지는 경우도 있겠지만 그것이 바로 선교의 첫 단추를 끼우는 일이 될 것이다.

몇 년 전에 어린이적십자의 주최로 열린 걷기대회에서는 1미터에 1원씩 5킬로미터를 걷고 5천 원의 후원금을 냈다고 한다. 이러한 행사들을 응용하여 교인들이 지역의 경치 좋은 곳을 함께 걸으며 쓰레기도 줍고 자연도 만나고 걸은 거리만큼 선교헌금도 하고 도착지의 자연 속에서 예배와 성찬도 한다면 좋은 친환경적 선교가 될 것이다. 요즘은 가정의 생활용품을 비롯하여 학생들의 학용품이 풍족한 편이다. 따라서 쓸 수 있지만 잘 사용하지 않는 물건들을 모을 수 있는 수거함을 교회

---
61) 손석일, 같은 글, pp.36-38.

에 상설 배치하여 교인들이 언제든지 가져와서 모을 수 있게 하고, 모인 것들을 선교지에 보낸다면 자원의 재활용은 물론 쓰레기 발생량의 감소와 더불어 선교에도 많은 도움이 될 것이다.

얼마 전에 시작된 한 방송국의 주말 프로그램에서 스타들이 직접 식수가 부족한 아프리카의 오지를 찾아 우물을 파 주며 그들과 함께 기뻐하며 즐거워하는 행사가 있었다. 이미 월드비전과 환경재단에서는 이러한 사업을 하고 있고 먼저 참여한 교회들도 있다. 현재 우리나라도 물 부족 국가로 지정될 만큼 전 세계적으로 물 부족 현상이 심각하고, 동남아시아와 아프리카를 비롯해서 깨끗한 식수가 더 절실한 나라들이 많이 있다. 이젠 선교사들이 선교지에서 오염된 물을 같이 마시는 것이 선교가 아니라 식수를 개발해 주고 같이 좋은 물을 마시며 선교할 때이다.

그동안 의료를 통한 선교가 많은 역할을 해 왔고 성과를 거두고 있는 것처럼 앞으로는 '친환경선교'도 많은 결실을 맺을 수 있을 것이다. 황량한 사막을 초지로 가꾸어 주기, 식수가 부족한 곳에 지하수 개발해 주기, 주변에 있는 오염된 환경을 복원해 주고 생활환경을 개선해 주기, 쓰던 학용품과 생활용품 보내기 등 앞으로 더 다양한 친환경선교의 아이템들을 개발한다면 새로운 선교의 장을 열어갈 수 있을 것이다.

4. 모범사례 및 참고할 만한 사이트들

한국기독교교회협의회와 기독교환경운동연대는 2009년에 녹색교회 네 곳을 선정하여 발표했다. 선정된 교회는 쌍샘자연교회, 평화의교회, 향린교회, 서울복음교회인데 이 교회들은 환경보전을 실천하고 친환경적인 삶의 모범적인 모델을 제시하고 있다.

① 서울복음교회(복음교단, 지관해 목사) - 2005년도부터 매년 환경주일(6월 둘째주일)을 지켜 오고 있으며, 환경선교정책 세미나를 통해 자연환경에 대한 청지기적 삶을 교우들이 함께 전개해 오고 있다.
② 쌍샘자연교회(예장통합, 백영기 목사) - 1992년 교회창립 이후, 전교인을 상대로 환경교육을 실시, 교회 내 자연생태위원회를 조직하여, 매월 마지막 주일을 '자연예배'로 드리고 있다. 또한 생태자연도서관 건축과 생활문화녹색가게를 준비 중에 있다.
③ 향린교회(기장, 조헌정 목사) - 1995년 생명환경위원회를 조직하고, 농촌교회와 자매결연을 맺어 유기농 쌀 직거래를 시작했다. 전교인이 CO_2 저감운동에 참여(차 없는 주일 지키기)하고 있고, 햇빛발전소 건립을 추진 중에 있다.
④ 평화의교회(감리교, 박경양 목사) - 2005년부터 녹색가게(초록세상)를 시작하여, 유기농산물 및 환경용품을 보급하고 있다. 담장을 없애 담쟁이를 식재하여 녹색 교회화 하였다.

* 향린교회 http://www.hyanglin.org/
* 쌍샘자연교회 http://blog.naver.com/hope0322
* 평화의교회 http://cafe.naver.com/peaceofchrist
* 한국기독교교회협의회 http://www.kncc.or.kr/
* 기독교환경운동연대 http://www.greenchrist.org/

인용 및 참고 자료

· 손석일, "교회의 친환경적 운영을 위한 제안", 『지구적 교회, 지구환경을 생각하다』(서울: 기독교윤리실천운동 편, "교회의 사회적 책임 2.0 포럼: 환경편" 자료집, 2009).

4장

문화선교의 그린 오션, 사회적 기업

1. 현실진단

    우리나라는 지난 1997년 IMF라는 총체적 외환금융위기를 겪은 후, 약 10여 년간 세계화로 표현되는 신자유주의의 새로운 경제질서 아래 고용, 소득, 주거, 교육, 문화 등 사회의 모든 측면에서 심각한 양극화 현상을 경험하였다. 이는 빈부격차를 가속화시키는 계기가 되었으며, 사회적 불만이 가중되는 현상으로 나타나기도 하였다. 특히 지난 2010년 2월 통계에 따르면 한국의 청년 실업률이 9.3%로 사회적, 심리적 저지선인 10%에 육박한다고 보도되었다.[62] 현재 한국의 전체 실업률이 약 400만 명을 넘었다고 하니 우리 경제의 현 주소가 어떠한지를 제시해 주고 있다고 볼 수 있다. 청년 실업과 노년 실업층뿐만 아니라 중,

---
62) 《한국경제》, 2010년 2월 12일 자.

장년 실업층들도 점차적으로 늘어나고 있는 현 상황에서 사회 실업률이 증가할수록 심각하게 대두되고 있는 것은 취약계층이 더욱더 소외 상태로 놓이게 된다는 것이다. 이것은 특히 사회적 약자에 대한 관심과 배려가 소홀해질 수 있다는 반증이기도 하다. 무엇보다 경제적 일거리 창출의 관점에서 일반 사회 기업들은 기업영리의 주목적을 대상으로 하기에 경제가 어려울수록 사회적 약자에 대한 배려와 관심이 소홀해질 수 있다.

그럼에도 불구하고 최근 새로운 형태의 비영리와 영리의 중간 형태로서 사회적 기업은 경제적 부의 창출을 위하여 경제활동에 대하여 지속적인 발전이 가능하며, 지역사회 속에 있는 취약계층들에게 함께 나눌 수 있는 양질의 공공서비스를 제공함과 동시에, 생산자와 소비자라는 양쪽 부분에게 모두 윤리적 시장을 권장하여 사회, 경제적인 고질적인 문제를 해결할 수 있는 건강한 기업형태로 제시되고 있다. 미국에서는 'Social Enterprise'라는 용어로 통일되어 가는 추세이지만, 조직형태나 용어가 국가마다 다양하게 사용되고 있다. 유럽에서는 사회적 협동조합(Social Cooperative), 사회적 목적회사(Social Purpose Company), 지역공동체 이익회사(Community Interest Company) 등 여러 이름들로 사용되고 있다.

이는 일자리 창출과 사회 서비스 제공을 통하여 사회적 취약계층을 지원하면서 비영리의 공익성과 동시에 기업으로서 성장해야 하는 영리의 수익성을 동시에 추구할 수 있다는 기대감 때문일 것이다. 이것은 경제적으로 매우 어려운 상황에 처한 각 지역사회의 취약계층에 대한 약자 배려와 더불어 퇴보하고 있는 지역 기반 문화예술 활동에 새로운 활력소가 되어 사회, 경제의 활성화와 다양한 문화적 소통을 통한 새로운 공동체 운동을 시도할 수 있다는 점에서 그 매력을 더하고 있다.

이런 관점에서 한국교회의 사회적 공헌도를 조사한 결과를 보면 한국교회의 사회적 신뢰도가 17.6%에 불과한 것으로 나타났다.[63] 이와 관련하여 교계 곳곳에서는 억울하거나 반대의견을 제시하고 있지만, 이것이 교회가 사회를 향한 인지도의 현실임을 직시해야 할 것이다.

지난 10여 년 동안 한국교회는 특별히 지역사회를 향한 문화선교와 관련하여 많은 담론들이 회자되어 왔다. 또한 이를 실천하기 위하여 많은 노력들을 해 오고 있다. 예를 들어, '문화선교란 무엇인가?', '거룩한 교회 안에서 문화선교는 사회를 위하여 어떻게 가능할 것인가?', '문화선교를 위해 세상적 방법은 정당한가?' 등의 많은 담론이 오랫동안 있어 왔지만, 교회는 사회를 향한 문화선교로서의 구체적인 실천적 방법을 찾는 데 부족했다. 그러므로 이에 대한 현실을 반성하며, 교회가 스스로 사회적 책임을 다하기 위한 문화선교의 구체적인 역할의 한 방안으로서 사회적 기업을 제시하고자 한다. 교회가 사회적 기업의 형태를 통하여 특히 지역선교라는 관점에서 사회적 책임을 바르게 감당할 수 있기를 바라기 때문이다.

2. 원인분석

20세기 후반부터 한국교회는 새로운 시대의 요청으로서 문화적 도전에 직면하게 되었다. 그래서 교회는 선교적 전략에 관한 수정을 모색

---

63) 김병연, 2010년 한국교회 사회적 신뢰도 조사 여론조사 결과발표 세미나(서울: 기독교윤리실천운동/교회신뢰회복네크워크), 2010.

하게 되었고, 대중문화에 대한 일방적인 적대적 대응을 너머 사회적 현실참여의 방안으로 어떻게 복음을 재해석하여 하나님 나라를 이루어 갈 것인가를 고민하며 질문하기 시작하였다. 한국교회는 문화적 감수성과 다양한 형식을 비판적으로 수용함과 동시에 포스트모던 시대에 맞는 선교적 전략을 만들어 나가기 시작하였다.

현재 한국교회는 문화선교에 대한 다양한 방법으로 교회개방을 시도하고 있다. 이는 문화의 시대라는 거대한 변화 속에서 문화의 형식을 빌려 복음의 메시지를 어떻게 전달할 수 있는지에 대한 고민일 것이다. 1990년대 후반부터 사용되기 시작한 '문화선교'라는 용어가 이러한 한국교회의 변화를 제공하였다.

장신대 임성빈 교수는 문화선교의 필요성에 대하여 두 가지로 정리하였다. 문화선교가 필요한 이유로 먼저 역사적 관점에서 우리나라의 전통적 문화와 종교들의 다원성을 고려하되 복음의 배타성과 포괄적 수용성을 어떻게 담보할 것인가를 고려해야 하기 때문이며 두 번째로는 사회문화적 관점에서 근대주의와 포스트모더니즘이 중첩되면서 세대갈등이 심화되고 있는데 한국교회의 대사회적 공신력의 부족과 문화적 수용력의 부재로 인해 공적 영향력을 상실하고 있기 때문이다.[64]

이는 과거에 주로 교회 내부의 문화활동이라 일컬었던 '문화사역'에 반하여 교회 외부의 변화에 대한 적절한 대응을 모색한다는 점에서 대중문화를 바라보는 새로운 신학적 통찰을 제공하였다.[65] 예를 들어 어떤 한 교회는 지역사회에서 예비군 교육장으로 사용하도록 자신의 교회를 개방하여 지역사회 안에서 좋은 평가를 받았고, 또 다른 교회는

---

64) 임성빈, "새 천년을 맞는 한국교회의 과제로서의 문화선교", 대한예수교 장로회총회사회부 편, 『21세기의 도전과 문화선교』, pp.14-16.
65) 한국교회의 새로운 패러다임 문화목회: 사례를 통해서 본 가능성", 감리교신학대학교 문화학회 편, 『다양한 형태의 교회개척』, pp.2-3.

규모가 크지 않음에도 불구하고 지역의 복지관을 운영하여 양질의 교육 및 문화 프로그램을 제공하였다. 소위 '카페'나 '문화교실', '문화센터'라는 공간과 프로그램으로 지역사회를 위해 배움과 나눔의 장소를 제공하여 지역주민들과 소통을 시도하고 있는 것은 사회의 발전속도에 비추어 늦은 감은 없지 않으나 이러한 시도들은 매우 바람직한 현상이다. 예를 들어 문화쉼터로 교계의 문화선교의 한 장을 연 창천감리교회는 현재 제2기 '시스테마 아카데미'를 진행하여 교계 안과 밖으로 큰 반향을 일으키고 있다. 유명한 '엘 시스테마'(1975년 호네 안토니오 아브레우에 의해 시작된 베네수엘라의 음악교육재단은 음악을 이용하여 아이들의 범죄행위를 예방하고 보호하기 위하여 만든 재단으로 전 세계 소외계층 아동과 청소년들에게 2015년까지 500,000명을 지원할 목표를 갖고 있다)를 응용한 이 프로그램은 새로운 문화선교의 가능성을 보여주는 좋은 모델이 되고 있다.

이처럼 이제는 많은 교회에서 지역사회를 위하여 교회를 개방하고 있으며, 나아가 교회가 다양한 형태로 사회를 향하여 적극적으로 다가가고 있다.

그동안 한국교회는 교회성장만 된다면 무엇이든 할 수 있다는 '성장지상주의', 전문적인 교육과 훈련 없이 새로운 것이니 일단 시작하고 보자는 '아마추어리즘', 우여곡절 끝에 시작하였지만 끊임없이 발생하는 인력과 예산이 투입되어야 하는 '능률의 비효율성', 그리고 무엇보다 인력과 예산을 투입했으니 빨리 성공해야 한다는 지나친 '성과주의와 조급성'이 문화선교 현장에서 공통적으로 안고 있는 걸림돌이 되었다. 이에 대한 대안으로 한국교회는 문화선교의 한 방편으로 사회적 기업형태를 다각적으로 모색하여 사회적 참여를 보다 긍정적인 측면에서 접근할 필요성을 가지게 되었다. 교회의 효율적인 사회참여를 위하여 사회적 기업방안의 실천적 모색은 교회가 사회를 향하여 자신들의 최종 목적인 복음을 전한다는 일방적 이미지로부터 벗어나 함께 사회참여에 대한 봉사와 헌신적 사명을 전할 수 있다.

그러므로 한국교회의 문화선교는 이제 사회적 기업이라는 새로운 그린 오션(Green Ocean)의 장으로 초대받고 있으며, 그에 대한 가능성은 다음 네 가지 형태로 정리해 볼 수 있다. 첫째, 교회의 문화선교의 장은 사회적 기업형태를 통하여 단순히 봉사차원에 머물지 않고 여러 면에서 사회에서 경쟁력 있는 실제 현장을 가질 수 있다는 점이다. 문화의 영역은 창조성과 지속성에 기반하기에 하나님께서 인간에게 주신 귀한 문화적 달란트를 땅에 묻어 썩히는 것이 아니라, 충분히 활용하여 잉여의 달란트를 남길 수 있어야 한다. 하지만 여전히 문화선교는 교회에서 담론적 차원으로 머물러 있고 천편일률적인 프로그램에 의존하여 진행되다 보니 1-2년 이내에 포기하는 경우를 종종 보게 된다. 하지만 사회적 기업형태의 검증된 시스템을 통하여 문화선교를 하게 되면 음악, 미술, 공연, 문화예술 테라피 등 다양한 문화선교의 장을 만들 수 있는 멀티센터가 가능하다. 예를 들어, 현재 전국적으로 7개의 커피 체인점인 커피밀(대표 윤선주 목사)의 경우 단순히 커피만을 파는 일반 매장에서 벗어나 그 지역의 중심의 장이 되도록 영향력 있는 문화선교의 센터를 지향하고 있다.

둘째, 공정무역과 착한 소비 제3세계의 노동자들에게 정당한 대가를 지불하는 공정무역(Fair Trade) 상품을 선호하는 최근의 소비 트랜드, 즉 품질과 가격만을 생각하고 구매하던 기존의 소비 패턴에서 벗어나 생산-유통-판매-소비에 이르는 과정에서 좋은 제품을 생산하는 생산자들의 이익과 권리가 보장되고 소비자도 좋은 제품을 믿고 살 수 있는 풍토를 만들자는 캠페인이다. 이처럼 환경보호, 인권보호, 사회발전 등의 다양한 사회적 가치를 중시하는 소비패턴으로 발전하고 있다는 사회적 이슈와 사회적 기업이라는 국가정책에 보다 능동적으로 참여함으로 교회가 사회적 신뢰도를 높일 수 있다. 한국교회의 사회적 신뢰도가 C-라는 것은 실망스러울 정도로 이미지가 실추되었다는 반증이다. 이것은 교회의 '그리스도인다운 삶의 실천으로서 사회적 참여의 결여'에 있다 하겠다.

그러므로 정직한 교역과 착한 소비는 보다 사회의 투명성을 높이는데 일조를 할 것임에 틀림없기에 거룩한 주체로서의 한국교회를 통하여 더 많고 영향력 있는 사회적 기업가들이 많이 배출되기를 기대한다. 우리나라의 대표적인 시민운동가인 박원순 변호사는 2009년 3월 "경제위기와 교회의 역할"이라는 열린 마당에서 한국교회에 드리는 열 가지 아이디어 중 첫 번째로 '사회적 기업'을 주장하였다.

셋째, 사회적 기업형태는 한국교회의 고질적인 문제인 '개교회주의'를 극복할 수 있는 긍정적인 네트워크 모델을 제시하고 있다. 예를 들어 어떤 교회는 직접 매장을 운영하고, 어떤 교회는 착한소비가 가능한 정직한 물품을 생산하거나 기증할 수도 있으며, 또 다른 교회는 인적, 물적자원을 제공할 수 있다. 이러한 시스템이 원활하게 운영되기 위하여 기존의 개교회 중심적 이기주의적 발상에서 벗어나 함께 win-win 할 수 있는 교회 간 긴밀한 네트워크를 통한 효율적인 협력은 '하나님 나라'를 위한 아름다운 일들을 함께 이룰 수 있는 장점이 있다.

넷째, 해외 선교지의 창의적 선교전략을 위한 현실적 대안으로서 사회적 기업형태가 선교적 접근 방식에 있어서 무엇보다 효율적일 수 있다. 예를 들어, 사회주의 국가나 이미 어느 정도 선교에 대하여 부정적인 이미지를 가지고 있는 국가들의 경우, 선교사들의 안정적인 신분보장과 BAM(Business as Ministry) 사역의 일환으로서 이러한 사회적 기업형태의 방안이 급부상하고 있다. 이러한 모델이 갖추어질 경우, 각 선교지마다 특색 있고 경쟁력 있는 다양한 기업형태의 진출이 가능할 수 있을 것이며, 보다 큰 의미로서의 선교적 효과를 나타낼 수 있을 것으로 기대하고 있다.

미래 한국사회는 초고령화, 저출산율, 가족구조의 해체, 이혼율 급증, 여성의 사회진출 증가 등 보다 가속화되는 사회적 변화에 따른 아동과 청소년, 고령자와 장애인, 빈곤층과 사회 부적응 계층 등을 위한 문화적 서비스가 급증할 것으로 예상되는 가운데, 한국교회는 이를 위하여 얼마만큼 문화 콘텐츠와 재정적인 여력이 준비되어 있으며 준비하고 있는지 돌아보아야 한다.

3. 대안적 지침

이제 한국교회가 사회적 기업에 대하여 관심을 갖고 참여해야 할 이유가 분명해졌다. 문화선교가 하나님께서 우리에게 주신 거룩한 명령이자 소명이기에 창조적 영역의 생각, 직관, 느낌, 상상력, 재능 등을 발휘하여 복음을 전파하고 지역사회에 문화예술 활동의 결과물의 열매를 나눔으로써 아름다운 세상, 하나님 나라의 확장을 이루어 가야만 한다.

하나님께서는 이를 실천할 수 있는 좋은 명분과 실리를 허락해 주셨는데, 현재 이에 대한 가장 취약한 분야가 문화예술 분야이다. 한국교회는 이를 잘 준비하고 유능한 인재를 발굴하여 발전시켜 적극적으로 사회 속에 참여해야만 한다. 그러나 사회적 기업형태가 사회적 대안으로 만병통치약이 아님을 알아야 한다.

현재 국가가 주도하는 사회적 기업육성이 단기 정책 프로젝트에 그치지 않고 지속적인 지원과 민간 기업과 같은 효율성을 낼 수 있는 자립모델로서 지속적인 성장을 이룰지는 다소 회의적이다. 하지만 전문인력들의 다각적인 참여와 노력으로 사회적 기업의 진출이 성공할 수 있도록 토양과 기업문화 조성이 우선적으로 절실하다.

현재 당면하고 있는 한국교회의 사회적 위기가 곧 또 하나의 새로운 기회가 될 수 있음은 지금까지 한국교회들이 지역사회 혹은 민간의 다양한 단체들과 함께 하지 못했던 개교회주의적 형태에서 벗어나 교회 간, 지역 간 원활한 네트워크를 통하여 사회적 기업을 과감하게 진행함으로써 대사회를 향한 선한 영향력을 회복하고 여러 방면으로 사회적 일자리 창출을 제공하고 경제적 양극화를 줄일 수 있기 때문이다. 또한 문화소외로부터 간격을 없애고, 가족해체로부터의 회복과 다문화가정의 문제점들을 함께 보완해 나갈 수 있을 것이라 기대할 수 있기 때문이다.

그리고 무엇보다 사회적 약자를 지역사회 안에서 교회가 어떻게 책임성 있게 돌보고 이와 동시에 불신자들에게 친밀성을 가지고 접근할 수 있을지 사회적 기업의 형태를 통하여 그 실마리를 함께 찾아보기를 기대한다.

4. 참고할 만한 사회적 기업 관련 사이트

① 사회적 기업: 노동부 운영 사회적 기업 지원사업, 인증방법, 사회적 일자리 사업안내 및 관련서식 제공. http://www.social-enterprise.or.kr

② 사회적 기업 연구원: 연구원 소개, 세미나, 이러닝, 사회적 기업가 육성 등 교과과정 및 수강신청 안내. http://www.rise.or.kr

③ ICNPM(국제비영리경영협의회): 사회적 기업과 문화예술 분야 모금 및 컨설팅 기관. http://www.icnpm.org

④ 사회적 기업 네트워크. http://www.sesnet.or.kr/

⑤ 아름다운 가게: 나눔과 순환원리를 따르는 재활용 사업. http://www.beautifulstore.org

⑥ 커피밀: 교회 카페를 위한 조언과 지역사회를 위한 섬김의 공간. http://www.coffeemeal.com

⑦ 우리밀 과자 위캔: 장애우를 고용하며 즐겁게 사업하는 기업. http://www.wecanshop.co.kr

⑧ 노리단: 문화예술과 관련된 하자센터의 사회적 기업 1호. http://noridan.haja.net/

⑨ G 마켓 사회적 기업: 사회적 기업을 위한 '착한 소비 365'. http://www.gmarket.co.kr

⑩ 쿨머니: 사회책임투자, 사회적 기업, 책임경영, 시민기금, 기업 보고서, 보도자료, 칼럼수록. http://www.coolmoney.mt.co.kr

⑪ 열매나눔재단: 탈북자 및 저소득계층을 위한 사회적 기업. http://www.merryyear.org

문화선교의 새로운 패러다임: 기독교 뮤지컬

1. 현실진단: 공연예술의 꽃, 뮤지컬

공연예술의 꽃으로 불리는 뮤지컬은 2009년 한해 매출규모만 2000억 원대로 불황 속에서도 매년 멈추지 않는 성장세를 보이고 있다. 우리나라는 외국 뮤지컬을 수입하기 바빴던 과거와 달리 한국 창작 뮤지컬을 해외시장에 수출하고, 그동안 축적된 노하우를 바탕으로 해외 뮤지컬 제작에 직접 참여하기까지 이르렀다. 이제는 영상한류, 음악한류에 이어 Nonverbal 퍼포먼스를 중심으로 한 다양한 공연 예술작품들이 제3세대 한류의 중심이 되고 있다. 한국 뮤지컬은 2001년 이후 꾸준한 관객증가와 시장확대를 경험하며 점차 전도유망한 문화산업의 큰 축으로 성장하고 있다.

이러한 흐름 속에 뮤지컬 전용극장도 대폭 증가하고 있다. 삼성동

코엑스의 아티움, 잠실의 샤롯데홀, 부산의 MBC 롯데아트홀, 인천의 팝콘하우스 등에서 활발한 공연이 이루어지고 있다. 또한 대학로를 중심으로 연중 하나의 뮤지컬만 공연하는 전용관들도 등장하고 있다. 그뿐만 아니라 여러 곳에서 뮤지컬 전용극장의 신설이 이루어지고 있는 상황이다. 이러한 공연장의 확대는 한국 뮤지컬 산업의 인프라를 구축하여 뮤지컬 발전의 장기적 원동력이 되고 있다. 더불어 한 작품을 여러 번 관람하는 '다람족'으로 대변되는 마니아층의 확산과 남경주, 최정원, 오만석 등의 뮤지컬 스타의 등장, 대중문화계 각 분야에서 활약하던 많은 스타들이 뮤지컬 무대에 도전장을 내미는 현상은 뮤지컬 산업의 대중화를 이끌고 있다.

이제 뮤지컬은 단순히 공연의 한 장르가 아니라 대한민국 공연문화를 이끌어 가는 선두주자가 되었다고 해도 과언이 아니다. 그러므로 문화선교의 관점에서 뮤지컬이 어떤 의미를 지니고 있는지, 또한 실제 교회현장에서 어떻게 활용할 수 있는지 연구해 볼 필요가 있다.

2. 왜 기독교 뮤지컬인가?

뮤지컬이 대한민국 공연예술계의 선두주자로 자리매김하면서 이를 바라보는 종교계의 시선도 적극적이 되었다. 불교계에서는 이미 오래 전부터 뮤지컬계를 후원해 오고 있다. 구룡사 주지 정우 스님은 극단 신시뮤지컬컴퍼니의 후원회장을 맡아서 서울 양재동의 구룡사와 일산의 여래사를 중심으로 뮤지컬 전용극장인 '신시시어터'를 짓고 작품의 제작 지원을 통해 왕성한 활동을 해 오고 있다. 정우 스님은 제7회 한국뮤지컬대상에서 특별상을 받았을 정도로 뮤지컬계에서 굳건한 입지를 다지고 있다. 이것은 문화계 전반에 불교의 긍정적인 이미지를 심으며 영향력을 확대하는 계기가 되고 있다.

개신교계에서도 기독교 극단들이 꾸준히 활동해 왔다. "말죽거리", "마굿간", "증언", "미리암" 등의 극단들이 1980년대 후반부터 창작 연극, 뮤지컬 등의 제작을 통하여 문화의 불모지였던 기독교계에 큰 활력을 불어넣었다. 또한 문화선교연구원의 '기쁨의 50일 부활절 뮤지컬 프로젝트'는 '부활절에는 뮤지컬을'이라는 캐치프레이즈 아래 "아리마대 요셉의 고백" "피터" "아름다운 초대" "가연아! 사랑해" "그 사랑, 바보의사, 장기려" 등의 창작 뮤지컬을 매년 제작해 오고 있다.

문화선교연구원은 '기쁨의 50일 부활절 뮤지컬 프로젝트'를 통해 예수 그리스도의 수난만이 강조되어 부활절 이후의 예수 그리스도 부활의 기쁨은 강조되지 못하고 있는 상황 속에서 부활절부터 성령강림절까지의 50일 기간 동안 공연을 통한 축제의 장을 만들어 예수 부활의 기쁨을 누리고 비신자들에게까지도 같이 누릴 수 있는 기회로 만들기 위해 뮤지컬을 제작, 공연해 왔다. 그리고 부활절 이후의 시간뿐만 아니라 예수의 수난을 묵상하고 체험하는 사순절 기간에도 예수 수난의 과정을 그린 뮤지컬 공연을 통해 말과 글로만 보았던 예수의 수난을 공감각적으로 체험하는 기회를 제공하려고 준비하고 있다.

부활절 전후의 100일에 가까운 시간 동안 지역교회들과 문화공간 안에서 계속되는 뮤지컬 공연을 통해 부활절 기간을 예수 그리스도로 인한 문화축제의 장으로 만들 수만 있다면 그 문화적 파급력은 대단할 것으로 생각된다. 뮤지컬 시장 확대의 측면으로 보아도 부활절 기간 동안 기독교 작품들 외에 비기독교 작품들이 더불어 공연될 수 있다면 뮤지컬 시장의 블루오션이 될 수 있을 것으로 생각된다.

교회는 뮤지컬 제작에 필요한 유리한 조건을 갖고 있다. 기본적으로 교회의 예배당은 음향시설과 사람들이 앉을 수 있는 자리를 갖추고 있기 때문에 공연장으로서의 변신이 용이하다. 평일 낮 시간이나 저녁 시간에 비어 있는 교회공간을 뮤지컬 극단에 저렴한 가격이나 혹은 무료로 대여할 수 있다면 교회는 문화공연의 장으로 변하고 지역사회의 문화공간으로서 지역주민이 머물고 즐겨 찾는 공간이 될 수 있다. 그리고 지역주민들과 함께하는 문화공간을 통해 자연스럽게 복음이 전달될 수 있는 기회가 될 것이다.

또한 교회 안에는 많은 인력들이 있다. 많은 연예계 종사자들이 교회활동을 하며 꿈을 키웠다는 이야기를 한다. 뮤지컬의 필수인력인 배우와 연주자 그리고 기획자와 연출자의 잠재력을 지닌 인력이 이미 교회 안에 많이 있다는 것이다. 끼와 재능을 가진 청년들, 성도들을 교회에서 뮤지컬이라는 콘텐츠를 통해 키워 내고 또 사회에 진출시킬 수 있다면 복음적 가치로 우리의 문화를 변혁하는 초석이 될 수 있다. 실제로 뮤지컬계에는 배우, 연주자, 작곡, 연출, 작가들을 비롯하여 많은 부분에 기독교인들이 포진하고 있다. 뮤지컬을 중심으로 한 여러 가지 문화행사들을 통해 교회 안에 있는 인재들을 발굴하고 그들을 실력과 영성을 갖춘 뮤지컬 전문가들로 키워서, 그들이 문화계와 뮤지컬계에 자리 잡을 수 있도록 해야 한다.

3. 대안적 지침: 교회에서 뮤지컬을 하려면

　뮤지컬 제작에 관심을 가진 교회의 경우 우선 창작 뮤지컬을 생각한다. 실제로 평촌교회에서 "History", 제주 성안교회에서 "이기풍" 등의 창작 뮤지컬이 공연되기도 했다. 하지만 잊지 말아야 할 것은 창작 뮤지컬을 완성하는 데는 일반인의 생각보다 대규모의 예산과 인력이 필요하다는 것이다. 또 뮤지컬의 규모에 있어서도 수입 라이센스 뮤지컬과 같은 대작보다는 소극장용 뮤지컬을 겨냥하는 것이 현명하다.

　뮤지컬 작업을 처음 하는 교회에서는 우선 기존작품을 가지고 공연의 노하우를 쌓은 다음 창작 뮤지컬을 제작하는 방식을 추천한다. 이 경우 작품선정이 매우 중요하다. 작품선정의 기준은 작품의 규모와 뮤지컬의 공연목적을 고려해야 한다. 공연목적을 고려할 때는 공연이 교회 내의 축제행사인지, 전도목적의 행사인지를 구별해야 한다. 교회축제라면 신앙적인 내용이 많이 표현된 작품으로, 전도용이라면 복음이 부드럽게 표현되어 비신자들도 거부감을 느끼지 않는 작품으로 선택하는 것이 좋다. 일반 교회들에서 자체적으로 자주 공연되는 기독교 뮤지컬 작품으로는 "가연아! 사랑해" "아름다운 초대" "피터" "아리마대 요셉의 고백"(문화선교연구원), "꿈의 사람 요셉"(컨티넨탈 싱어즈) 등이 있다. 그리고 여기서 잊지 말고 확인해야 할 것은 저작권 부분이다. 어떤 작품이라도 공연을 할 때는 저작권이 어디에, 누구에게 있는지 알아보고 공연허락을 받아야 한다.(공연 준비예산에는 저작권 비용이 꼭 포함되어 있어야 한다.)

　작품선정이 끝나고 나면 이 작품을 있는 그대로 공연할 것인지, 우리 교회 정서에 맞게 일부 수정할 것인지 등을 정하는, 작품을 어떻게 연출하고 만들어 갈 것인지를 정하는 각색의 순서를 가지는데 이것을 '드라마 트루기'라고 한다. 이 시간은 각 교회마다 가지고 있는 특성이 있고 연출자마다 극을 통해 하고 싶은 말이 있을 것이므로 꼭 거쳐야 하는 시간이다. 이렇게 작품이 확정되면 스탭을 정하게 된다. 스탭으로는 연출자, 음악감독, 안무감독, 제작감독, 무대 디자인, 조명감독, 음향감독, 의상감독, 배우 등이 필요하다.

연습의 단계는 간단히 1) 리딩(대본 읽기), 움직이면서 대본 읽기, 2) 블로킹(동선) 설정, 3) 부분연습, 4) 런(run)으로 나눌 수 있다. 연습 기간은 최소 4개월로 잡아야 한다. 연습은 대본 리딩부터 시작하는데 일단 리딩을 하기 전에 각자 배우들은 준비를 해야 한다. 내가 맡은 배역이 어떤 배역인지, 내가 왜 이런 행동을 해야 하는지를 아주 자세히 고민해 봐야 한다. 배우가 자신이 연기할 캐릭터를 완벽하게 파악하는 것은 무엇보다 중요하기 때문이다. 배우들이 어느 정도의 캐릭터 파악을 마치면 리딩을 시작한다. 처음에는 돌아가면서 한 사람씩 전체 대본을 낭독하는 것이 좋다. 그 다음부터 배우들이 자신이 연기할 역할부분을 읽어 보고 상대방의 부분을 바꾸어 읽어 보기도 한다. 처음부터 따로 읽으면 상호 간의 관계를 파악하는 것이 어려워진다. 리딩이 끝난 뒤 캐릭터에 대해 연출과 배우들이 모여서 이야기를 나누는 것이 좋다. 그래야 배우들끼리도 소통이 원활해진다. 리딩을 적당히 했으면 대본을 암기한다. 물론 한꺼번에 외우기는 어렵다. 무조건 암기할 필요도 없다. 리딩을 많이 할수록 자연스럽게 외워진다. 처음 연기연습은 일어서서 하게 되는데 처음 당분간은 손에 대본을 들고 하는 것도 좋다. 억지로 대사를 외웠다가는 연기가 어색해진다.

그 다음에는 블로킹을 정한다. 움직이면서 대사를 하다 보면 어느 정도 배우들이 스스로 무대에서의 동선을 깨닫게 된다. 이것은 연출가가 해야 하는 작업으로서 연출가 자신의 생각과 배우들의 움직임을 고려해서 정하겠지만 공연해야 하는 교회본당의 무대 크기와 여러 상황들도 잘 고려해야 한다. 블로킹 설정 이후부터는 연습실에 테이프로 무대크기를 설정해 주는 것이 좋다. 그리고 항상 그 범위 안에서만 연습해야 실제 공연장에서도 실수를 줄일 수 있다. 이것은 안무연습 때 특히 중요하다. 춤을 추다 보면 공간이 늘어나기 쉽기 때문이다.

이제 전체 극을 한꺼번에 연습하는 런을 진행한다. 런을 진행하면서 문제가 있는 부분은 수정하고 러닝타임도 알아봐야 한다. 실제로 의도했던 것보다 극이 길어질 수도 있기 때문이다. 이후부터는 런과 부분연습을 함께한다. 이 시기엔 배우들의 무대 적응도를 높이기 위해 실제 공연무대로 연습을 이동한다. 그리고 공연 전날엔 무대가 완전히 설치된 상태에서 실전처럼 연습을 한다. 공연 당일 리허설은 테크 리허설과 최종 리허설이 있는데 테크 리허설은 오전에 모여서 조명과 음향 등이 문제가 없는지를 체크하는 것이고 본 리허설은 공연 전 마지막으로 모든 것을 점검하는 것이다.

기독교뮤지컬은 이제 막 싹이 자라나고 있는 단계이다. 시대에 맞는 문화선교의 한 패러다임으로서 기독교 뮤지컬에 대한 보다 깊은 관심과 연구가 필요할 것이다.

4. 문화선교연구원 창작 뮤지컬 콘텐츠 소개

① 아리마대 요셉의 고백 – 성경내용을 중심으로 예수님의 죽음과 부활을 아리마대 요셉의 시선으로 바라본 뮤지컬로 부활절 교회행

사에 적합하다.

② 피터 - 예수님을 배반한 베드로를 용납하는 예수님의 사랑을 그린 뮤지컬로 현대적인 퍼포먼스가 강조되는 뮤지컬이다.

③ 아름다운 초대 - 오늘 여기에 예수가 오신다면 어떤 모습으로 오실까. 국밥집 주인으로 오신 예수님의 이야기로 현대적 상황 속에 복음을 제시할 수 있는 뮤지컬이다.

④ 가연아! 사랑해 - 소외된 사람들이 함께 사랑을 나누며 가족의 의미를 되새겨 보는 뮤지컬로 교회가 아닌 다른 장소에서도 문화행사로 공연하기에 적합한 가족 뮤지컬이다.

⑤ 그 사람, 바보의사, 장기려 - 한국의 슈바이처. 우리 곁에 살다 간 성자로 불리는 장기려 박사의 이야기를 소재로, 이 시대 참 그리스도인의 모범을 감동적으로 보여 주는 뮤지컬이다.

6장

다문화, 새로운 문화선교의 영역

1. 현실진단

UN은 인구의 2%가 이주민인 경우를 '이민국가'라고 정의한다. 2009년 5월 한국은 인구 4,800만 중 이주민이 2.3%로 120만 명에 달했다. 그러므로 한국은 통계상으로는 이미 이민국가에 준함이 틀림없다. 이 숫자에는 단기로 체류하는 사람 24만여 명, 유학생 7만 6천여 명, 이주노동자들 60만여 명이 포함되어 있다. 이러한 장단기 체류자들을 제외하면 적법한 이민자들은 국제 혼인을 통한 12만 4천여 명과 국적을 취득한 6만여 명과 자녀들 7만 5천여 명으로 약 26만여 명에 지나지 않는다. 하지만 중요한 것은 고정적으로 100만여 명의 외국인들이 장단기로 한국에서 체류하고 있다는 사실이다. 또한 이러한 추세로 계속 증가하게 된다면 2020년에는 인구의 약 10%가 이주민들이 될 것이라는 전망이다. 이러한 현실에 대해 세계이주선교연구소 소장인 정노화 선교사는 "한 사회에 이주 노동자가 10%에 도달하였을 때, 시스템으로 준비되지 아니하면 사회를 지탱해 낼 수 없을 것이다"라고 경고한 바 있다.

통계청에서 2009년 3월 발표한 체류외국인 증감 추세 도표를 보면 이주 노동자는 99년 38만 명에서 2006년까지 꾸준히 증가하여 7년 동안 74만 7천 명으로 약 2배 증가하였다. 이는 매해 약 5만여 명씩 증가한 것이다. 그러나 2007년에는 91만 명으로 약 16만 명이 증가하고 2008년에는 106만 명으로 약 15만 명이 증가한 것으로 밝혀졌다. 이는 근 2~3년 사이에 이주 노동자가 폭발적으로 증가하고 있다는 것을 보여 준다. 이것이 일시적인 현상으로 보일 수 있지만 실상은 그렇지 않다는 것이 전문가들의 한결 같은 목소리이다.

이 증가분의 대부분은 동남아시아권에서 온 노동자들이다. 이는 우리 사회가 고령화됨으로 인해 노동집약적인 일을 할 수 있는 인원이 급감하였기 때문이다. 또한 경제가 자유화됨으로 상품의 가격 경쟁력을 위해 고비용의 국내 인력보다는 동남아시아와 같은 값싼 노동력을 선호하기 때문이기도 하다. 이런 문제는 노동에 대한 사회인식의 전환과 기술의 진보를 통한 산업 전 방위의 체질 계선으로 극복 가능하리라고 생각할 수도 있다. 하지만 문제는 이것만이 아니다. 젊은이들의 결혼 적령기가 30대 전후로 늦춰지고 있고 이들은 결혼을 해도 아이를 갖는 것을 원하지 않는다. 이는 결국 한국 경제규모를 생각할 때 공급해야 하는 노동력의 증가로 이주민을 불러오지 않으면 안 될 상황에 처하게 된다는 것을 의미한다.

그렇다면 이렇게 증가하는 외국 이주민들을 단순히 우리가 하지 못하는 부분을 채워 주고 돈을 받아가는 존재로만 봐야 할까? 만약 이들이 기계라면 그럴 것이다. 그러나 이들은 사람이고, 사람이 한 사회에 유입된다는 것은 이들의 종교, 문화, 언어가 함께 들어온다는 것을 의미한다. 또한 우리가 이주민들이 인간답게 살 수 있는 환경을 제공해 주어야 한다는 것을 의미한다. 결과적으로 이러한 사실은 국가의 정책과 국민 개인에 이르기까지, 외국인 이주민들에 대한 인식과 태도의 포괄적인 변화와 전환을 요구하고 있음을 알 수 있다.

2. 원인분석

다문화 사회로 접어들고 있는 우리 사회는 들어나지 않은 크고 작은 갈등들을 겪고 있다. 앞으로 이 갈등이 표면화되는 것은 시간문제일 뿐, 이러한 갈등은 매우 심각한 상황을 초래할 것이다. 우리는 우리나라가 한민족임을 자랑으로 삼는 민족이라는 점을 부각시키며 한 언어, 한 인종을 우리가 가진 귀한 자산이자 자부심으로 생각하고 있다. 한때 우리는 주변에는 있는 혼혈인을 과거 6·25의 아픈 과거를 지우고 싶은 마음으로 부정하고, 숨기는 식의 태도를 보이기도 하였다. 어떤 이들은 민족의 수치로 생각하기도 했다. 시간이 지남에 따라 젊은 층에서는 이러한 관점으로부터 조금씩 누그러지고 있지만, 현재도 연예인들 중에는 자신이 혼혈이라는 사실을 숨기며 활동을 하다가 마치 양심선언이라도 하는 듯이 사실을 밝히는 일들이 종종 있다. 지금도 우리 사회는 우리와 다른 이들를 받아들일 준비가 충분히 되어 있지 않음을 인정해야 할 것이다. 다행히 사회의 인식이 긍정적인 방향으로 전환되고 있다는 것은 매우 고무적인 사실이다. 하지만 여전히 동질(우리

편)과 이질(남의 편)의 벽은 높기만 하다. 이러한 점을 몇 가지 예를 들어 설명하겠다.

1) 외국인 노동자

외국인 노동자에 대한 처우와 인식은 우리 노동자들과 비교해 볼 때 상식 이하의 상황이라 할 수 있다. 2009년 8월 17일 자 뉴스에서는 경기도 광주에서 외국인 노동자들이 한 겨울에도 회사가 마련해 준 방에서 난방 없이 지내고 있었다고 보도했다. 그러나 이러한 기숙사가 마련된 곳은 그나마 나은 형편이며, 약속한 기숙사를 제공하는 회사는 극히 드물다고 설명했다. 또한 회사가 외국인 노동자에게 기숙사를 제공해도 사용료를 급여에서 공제하고 있다는 것이다.

하지만 이러한 처우에도 외국인 노동자들이 회사를 고발하지 못하는 이유는 이들이 회사에서 쫓겨나거나, 사직하여 다른 회사로 이직할 경우의 횟수를 3회로 제한시켜 놓았기 때문이다. 그렇기 때문에 이런 일이 몇 번 반복되면 결국 약속한 시간을 채우지 못하고 자국으로 추방당하게 된다. 또한 추방을 피해 도망하게 되면 그는 인권의 사각지대라 할 수 있는 불법 체류자가 되는 것이다. 이러한 처우에 대한 사회적 고발이 여러 번 있었지만 이주 노동자를 받아들이기 시작한 10여 년의 역사가 무색할 정도로 노동자들의 인권은 법의 사각지대에 있다는 것이 외국인 사역을 하는 사역자들의 한 목소리이다.

2) 외국인 아내

여기서 외국인 아내라 함은 주로 90년대 중반 이후에 나타난 농촌 총각 문제와 관계된다. 대부분의 젊은이들이 도시로 나가고 농촌에서 농사를 짓는 젊은이들은 사회의 낙오자로 낙인찍히게 되었다. 이들은 나이가 40, 50대에 이르도록 결혼하지 못하였고 이는 농촌에서 큰 문제가 되었다. 따라서 이를 해결하기 위해 필리핀, 베트남 등의 동남아시아권 여자들과 국제결혼을 주선하는 단체들이 생기게 되었고, 여러 부작용이 있었지만 어느 정도 이 문제를 해소하는 역할을 수행했다. 급기야 현재는 전체 결혼의 11%라는 비율로 국제결혼이 성행하고 있다. 결혼하는 10쌍 중 1쌍이 국제결혼인 것이다.

이러한 폭발적인 국제결혼의 증가는 여러 가지 부작용을 발생시키고 있다. 가장 큰 문제는 이들의 문화적 차이이다. 문화적 차이가 도덕적인 문제로 비화(飛火)되는 경우가 종종 있다. 한 기관에서 이들의 결혼 만족도를 조사했다. 결과는 다음과 같다.

외국인 남편〉한국인 남편〉한국인 부인〉외국인 부인

이 조사 결과는 부인들보다 남편들의 결혼 만족도가 더 높은 편으로 나타났다는 것을 보여 준다. 그리고 부부관계 만족도도 전반적으로 높은 것으로 나타났다. 하지만 한국인 남편과 외국인 부인의 경우는 상대적으로 그 만족도가 떨어진다는 것을 확인할 수 있다. 이들의 문제는 단순한 언어와 문화적 차이를 넘어, 과도한 나이차이, 학력수준의 차이 등 여러 문제들을 가지고 있었다. 결혼관계에서는 이 중 어느 하나도 쉬운 문제라고 말할 수 없다. 이러한 문제들 중 정부가 지원해 해결할 수 있는 것들은 시급한 지원이 필요한 실정이다. 다행히 문화교육과 언어교육을 위한 다문화 전문가들을 양성하고자 작년 말부터 몇 개의 대학을 중심으로 교육이 이루어지고 있다. 그러나 필요에 비해 공급은 터무니없이 부족한 실정이다.

3) 이주민들의 자녀들과 국제결혼 가정의 자녀들에 대한 교육의 문제

국제결혼 가정의 자녀들의 취학률은 매년 40%씩 증가하고 있고, 외국인 근로자들의 자녀들 또한 그 비율이 조금씩 증가하고 있다. 그러나 전자의 경우 취학하는 데 아무런 어려움이 없지만 후자의 경우는 전체 학생 중 약 15%정도만 학교에 진학하는 실정이다. 그리고 이들이 학교에 진학한다 해도 문제는 그것으로 그치지 않는다. 2007년 12월 여성정책연구원이 발표한 "다문화 가족 학생 생활 실태와 교사 학생의 수용성 연구"를 보면 다문화 교육에 대해 몇 가지 문제점들을 지적하고 있다.

첫째는 외국인 근로자 자녀들에 대해서 불법 체류자라 해도 교육을 받을 수 있도록 법 개정을 했지만 실질적으로는 그 입학여부 결정권을 학교장의 재량으로 두어 불법 체류자들의 진학이 현실적으로 어렵다는 것이다. 둘째는 언어의 문제로 대부분의 학생들이 학습능력이 떨어진다는 것이다. 셋째는 선생님들과 한국 학생들과의 문화적 차이로 서로 어떻게 대해야 할지 알지 못해 시행착오가 많다는 것이다. 넷째는 선생님들과 외국인 부모들과의 의사소통이 되질 않아 아이교육에 지장이 초래한다는 것이다. 더 나아가 자녀와 외국인 부모와의 의사소통에도 심각한 문제가 있다는 것이다.

결국 이러한 문제는 다문화가정의 아이들이 상급 학교로 진학하는 데 큰 지장을 주어 중도 탈락하는 현상을 발생시킨다. 앞으로 계속 다문화가정의 자녀들이 증가한다고 본다면 이 아이들이 계속 교육에서 탈락되는 현상은 이들이 사회 주변인으로 남게 될 가능성이 크다는 것을 보여 준다. 결국 이것은 사회의 큰 문제로 자리 잡게 될 것이다. 이러한 대안으로 이 보고서는 이들의 국제적 가능성을 발견하여 이를 발전시킬 수 있는 좀 더 다양한 교육 방법의 계발을 제안하고 있다. 그렇게 된다면 국제화 시대 가운데 훌륭한 국가의 자산이 될 것이라고 말하고 있다.

4) 이주민들의 종교에 대한 문제

지금까지 우리나라의 종교는 불교, 기독교, 무속이 중심이었다. 이중 불교가 가장 규모가 크고 그 다음으로는 기독교, 기타 무속 종교들이 뒤따르고 있다. 이 중 종교적 배타성을 바탕으로 포교에 가장 적극적인 종교가 기독교였다. 여타의 종교는 마치 우리나라 사람들의 문화나 생활습관과 같아서 종교적인 색채가 덜하다. 그러므로 종교적인 갈등 또한 덜한 것이다. 하지만 최근 외국인 노동자들을 비롯한 이주민들의 종교는 과거보다 더욱 다양하게 나타나고 있다. 그중 이슬람은 기독교보다도 더한 극도의 배타성과 포교활동으로 유명하다. 또한 9·11 테러 이후에 이슬람 근본주의자들에 대한 공포는 날로 심화되고 있는 실정이다.

사무엘 헌팅턴(S. Huntington)은 그의 책 『문명의 충돌』을 통해 탈냉전 시대에는 이념이 아닌 문명이 충돌할 것이라 주장했다. 문명이란 종교가 그 핵심에 자리 잡고 있다. 이를 증명하듯 9·11 테러가 일어났고 이것은 국지적으로 사실로 나타나고 있다. 이러한 진단은 한국사회라고 예외는 아닐 것이다. 이를 증거하듯 서울과 지방 곳곳에는 이슬람 모스크가 하나 둘씩 생기고 있다. 아직은 미미하지만 한국인들 중에도 개종하는 인원이 늘고 있다. 이들의 개종은 많은 경우 이슬람권에서 온 노동자들과의 교제나 결혼을 통해 이루어진다. 결국 이슬람은 한국사회에서 무시할 수 없는 세력으로 성장할 것이다. 또한 원치 않아도 유럽 국가들이나 미국, 호주에서와 같이 종교적이며, 사회적 갈등의 원인이 될 수도 있을 것이다. 그러므로 이를 위한 국가적인 대책과 화합의 정책이 필요하다 할 것이다. 또한 교회에서도 이에 대처하는 것이 시급한 과제로 떠오르고 있다.

3. 대안적 지침

위에서 논의한 다문화 사회가 지닌 문제점들에 대해 사회와 정부는 올해 들어 지대한 관심을 보이고 있다. 꽤 많은 예산을 들여 다문화 시대를 준비하는 것 같다. 각 지역의 다문화 센터와 다문화 케이블 TV 등 많은 국가적 사업이 추진되고 있다. 하지만 이는 매우 기초적인 단계이며, 이를 위한 이론적이며, 실제적인 연구가 더욱 절실한 실정이다.

이에 비해 교회는 정체되어 있는 것처럼 보인다. 초기 외국인 노동자들이 한국에 들어왔을 때, 교회는 언어의 한계로 인하여 주로 필리핀(영어), 중국과 같은 외국인 예배만을 만들어 이들을 섬기고 선교하였다. 이후에도 다양한 국적과 언어, 인종을 배경으로 하는 노동자들이 들어왔는데, 여전히 외국인을 위한 교회예배는 초기수준을 벗어나지 못하고 있다. 이들을 위한 전문적인 인력을 아직 많이 양산하지 못하고 있기 때문이다. 하지만 전 세계에 선교사를 파송하고 있는 한국 교회는 언어와 문화가 준비되어 있는 헌신된 사역자들이 얼마든지 많이 있다. 우리가 해외에 대한 관심에서 조금만 우리에게 찾아 온 나그네들에게 돌린다면 이들의 육적인 필요만이 아닌 영적인 필요를 채울 수 있다. 그러므로 이슬람권에 대한 선교도 한국에서 얼마든지 할 수 있다. 이미 여러 선교사들이 이 사역에 동참하고 있다. 해외선교에 대한 한국교회의 패러다임을 다문화 시대에 발 맞춰 전환해야 할 것이다.

이러한 전환을 위한 첫 단계는 교회가 외국인들의 한국생활에 관심을 갖는 것이다. 예를 들어, 이들이 한국에서 자녀교육 문제, 노동착취 문제, 인권 문제, 의료 문제 등과 같은 최소한의 삶의 조건들을 갖출 수 있도록 지속적인 관심을 갖는 것이다. 이를 통해 다음 단계로 나갈 수 있다. 두 번째 단계는 구체적으로 다문화 사회를 위한 선교모델을 마련하고 제시하는 것이다. 이를 위해 현재 구체적으로 이 사역을 진행 중인 교회, 단체들을 소개하고자 한다.

1) 교회 단독적인 사역

① 경기도 안양에 위치한 새중앙교회(대신)는 중국, 중국동포, 몽골, 베트남, 인도네시아로 외국인 선교회를 구성하여 담당 사역자를 통해 가가 예배를 드리고 있다. 총 460여 명의 인원이 매주 참석하고 있으며, 문화센터를 운영하여 한글, 컴퓨터, 예절 등의 교육을 시키고 있다.(참고 http://www.sja.or.kr)

② 경기도 광주에 위치한 세상의빛선교교회(예장 통합)는 "한국에 있는 외국인 노동자들을 그리스도의 사랑으로 돌보며 교육하며 훈련

시킴으로 그들을 통한 세계선교를 이루어 간다."라는 설립 목적을 가지고 2000년에 이현성 목사가 시작한 교회이다.(참고 http://www.lemc.or.kr) 현재는 한국인 봉사자 5명과 100명의 외국인 교인들이 예배를 드리고 있다. 대부분 필리핀 사람들이다. 처음에는 다양한 국적이었지만 점차 필리핀 사람들이 주된 구성원을 이루면서 자연스럽게 필리핀 사람들을 위한 교회가 되었다. 이는 경기도 남양주시 마석에 위치한 희년선교교회도 비슷하다. 이를 볼 때 외국인을 위한 교회사역은 출신국가에 따라 진행하는 것이 모색되어야 할 것이다.

2) 단체 단독적인 사역

① 경기도 포천에 위치한 다문화가정지원센터는 2007년 6월 법인을 설립하여 포천시의 400여 다문화가정을 주기적으로 방문하여 한글지도, 학습상담을 하고 있다. 이를 통해 복음을 전하고 이들을 기독교인 지도자로 양성하는 것을 목표로 삼고 있다.(참고 http://www.damunhwa.or.kr).

② 서울시 광진구 광장동에 위치한 재한몽골학교는 1999년 12월 서울외국인근로자선교회의 도움으로 몽골학생들을 위해 설립된 국제학교이다. 8명의 학생으로 시작하여 광진구청의 도움으로 광장동에 건물을 얻어 지금은 1학년에서 9학년까지 80여 명의 학생들이 공부하고 있다.(서울외국인근로자선교회 http://www.nasom.or.kr)

③ 광주광역시에 위치한 새날학교는 설립자 이천영 목사를 주축으로 시작되었다. 2005년부터 이주아동들을 위한 비공식적인 교육활동을 시작하여 2007년 1월 4명의 학생으로 구성된 정식 학교로 개교하였

다. 이후 2009년 광주광역시 삼도동에 폐교된 학교를 임대하여 이전하였으며, 현재는 28명의 자원봉사자를 비롯한 선생님들이 11개국 40여 명의 학생들을 섬기고 있다. 특별히 이 학교의 학생들은 어머니가 한국남성과 재혼하여 한국으로 데려온 경우가 많다.(참고 http://www.saenalschool.com)

3) 교회와 단체와의 연계사역

서울시 논현동에 위치한 다애교회(예장 합신)는 2007년 9월에 설립된 개척 교회로 설립 초기부터 선교 공동체를 통해 다문화선교에 대한 방침을 세웠다. 특별히 다문화가정의 아이들을 위한 대안학교에 관심을 가지고 연구 중이며, 이를 위해 다문화대안학교와 자매결연을 맺어 이들의 서울 수학여행을 책임지고 있다. 이는 그리 크지 않은 교회도 관심만 있다면 이미 사역하고 있는 단체를 도와 얼마든지 큰 사역을 감당할 수 있음을 보여 준다.(참고 http://www.alllovechurch.org)

4) 교회, 학교, 단체 간의 연계사역

국제이주자선교포럼(IFMM)은 매해 1회씩 개최되어 현재 2회째를 맞고 있다. 이 포럼은 지역교회와 여러 단체들의 지원을 통해 열린다. 이곳에서는 이주자 현황, 교육 문제, 결혼 문제, 여성 문제, 노동 문제 등 다양한 분야의 전문가들과 실무자들의 목소리를 들을 수 있으며, 이를 통해 교회는 다문화선교의 필요성을 다시 확인하게 되고 보다 미래적인 다문화선교의 과제를 확인하고 있다.(참고 http://www.ifmm.kr).

7장

교회 문화센터의 현실진단과 과제

1. 현실진단

　현재 한국교회의 문화선교 방향의 주요한 흐름 중 하나는 문화센터를 통한 문화선교이다. 10여 년 전만 해도 교회가 문화센터를 한다는 것이 다소 생경한 것처럼 느껴졌으나, 근래 들어 문화센터를 통한 문화선교는 큰 주목을 받고 있다.

　2009년 11월 문화선교연구원과 총회문화법인이 공동주최한 "문화센터의 창조적 운영"이라는 문화목회 컨퍼런스에서 보여 준 뜨거운 관심에서 보듯, 당분간 문화센터는 한국교회의 문화선교사역의 주요한 흐름으로 자리 잡을 것으로 보인다. 21세는 문화의 세기라 일컬어지듯이 문화는 현대사회의 주요한 화두가 될 것이다. 교회 역시 문화에 대한 대중의 관심에 주목하여 문화를 통한 선교나 문화센터를 통한 문화선교를 시행하려고 하고 있다. 그러나 교회의 문화센터에 대한 관심만큼 교회의 사역 속에 문화센터가 분명한 사역의 영역으로 자리 잡는 경우는 그렇게 많지 않은 것으로 보인다. 몇몇 중대형 교회나 전문적 역량을 갖춘 교회를 제외하고는 장기적 사역으로 문화센터가 교회사역 속에서 자리 잡은 경우가 그리 많지 않기 때문이다. 이렇게 문화센터가 교회의 장기적 사역으로 자리 잡고 있지 못한 이유는 무엇인가?

2. 원인분석

문화센터가 교회의 장기적 사역으로 자리매김하지 못하는 이유는 무엇보다, 문화센터에 대한 정체성이 불분명하기 때문으로 보인다. 결론적으로 말하면 문화센터를 순전히 도구적 차원에서 교회의 전도사역의 수단으로 여기는 경향이 있기 때문이다.

그렇다면 문화센터의 정체성을 어떻게 정의할 수 있을 것인가. 문화선교적 차원에서 보면 문화센터는 선교를 위한 도구적 차원에서 교회의 문화적 전략이면서 동시에 양질의 문화를 지역사회와 공유하도록 만들어 궁극적으로 대사회적 섬김과 하나님 나라의 문화확장이라는 문화선교적 사명을 수행하는 데 그 존재의 근거를 찾는다. 다시 말하면 문화센터를 통해 지역주민들과 접촉점을 마련하고 이를 통해 전도의 접촉점을 마련하는 곳이면서도 하나님의 문화명령의 차원에서 지역을 문화적으로 섬김으로써 교회가 섬겨야 할 지역사회를 문화적으로 보다 풍성히 만들어 가고 보다 건강한 커뮤니티를 만들어 가는 데 그 의의가 있다 할 것이다.

그러하기 때문에 문화센터를 통해 단순히 전도사역의 성과에만 기대를 걸고 의미부여를 하게 될 때 문화센터 운영은 어려운 상태에 직면하게 된다. 문화센터는 특성상 많은 비용이 소요되는 사역분야인데, 단기대비 전도효과만을 기대하게 되면 문화센터는 그 기대치에 미치지 못하는 경우가 대부분이다. 그리고 이렇듯 가시적 전도성과를 내지 못하는 경우 문화센터는 그 운영의 동력을 상실하게 된다.

문화센터가 지속적으로 운영되지 못하는 두 번째 이유는 운영미숙에 따른 갈등이 상존하고 이러한 갈등을 효과적으로 해소하지 못하기 때문이다. 대개의 경우, 교회 내의 문화센터 강좌는 지역사회의 기존 사업장과 겹치는 경우가 많다. 문화센터의 주요 프로그램인 어학강좌나, 취미, 운동강좌 등이 특히 그러한데, 교회의 경우 수강료가 대체로 저렴한 편이기 때문에 지역 사업장의 이익에 반한다는 비판에 교회가 직면하여 왔고 이로 인해 교회와 지역사회 간에 마찰이 발생하는 경우가 종종 있어 왔다. 이러한 경우는 문화센터를 통해 지역주민들에게 문화복지의 혜택을 도모하겠다는 교회의 본래 취지를 도리어 오해받는 경우라고 말할 수 있다. 아울러 행정적인 측면에서 법적인 이해와 조처가 미비하여 어려움을 겪는 경우도 있다. 교회의 문화센터는 대개 수익사업이 아닌데도, 법적, 행정적 조처를 소홀히 하여 상당한 세금을 부과받는 경우가 있다. 교회는 문화센터를 통해 금전적 수익을 얻지 못함에도 불구하고 문화센터의 지속적 운영에 타격을 받기도 한다.

마지막으로 문화센터가 지속적으로 운영되지 못하는 이유는 창조적인 프로그램 개발이 미약하기 때문이다. 많은 경우 교회의 문화센터는 기존의 단순한 취미나 오락 프로그램을 운영하는 것에 머무는 경우가 많다. 이럴 경우 새로운 문화적 욕구를 충족받기를 원하고 그러한 프로그램들을 통해 소통하기 원하는 지역공동체와 같이 호흡할 수 없게 되고, 결국 이것은 교회 문화센터의 역동성을 떨어뜨리게 된다. 이미 교회 밖의 구청이나 동사무소 기타 백화점등에서 실시하는 문화센터들이 다양한 프로그램과 참신한 기획을 가지고 문화센터를 운영하고 있는 상황에서 시대적 욕구를 충족시키지 못하는 프로그램을 고집하는 경우, 그러한 문화센터는 지역시민들에게 점차 외면받을 가능성이 높다.

3. 대안적 지침

이러한 문제점을 통해 우리는 다음과 같이 문화센터의 발전적 방향에 대해 다음과 같이 제안하는 바이다.

1) 문화센터에 대한 정체성을 분명히 하라

문화센터는 교회의 중요한 문화사역임을 분명히 인식해야 한다. 그런데 이 문화사역은 그 열매를 거두기까지 많은 시일을 요구한다. 문화센터를 통해 이른바 전도의 성과를 올리겠다는 1차적 목표만을 가지고 있을 때, 문화센터만큼 고비용, 비효율 구조를 가진 것은 없다.

문화센터는 장기간의 문화사역 현장이므로 개교회의 이미지를 건강하게 만들어 가는 사역임을 인식하고 문화선교에 대한 철학을 교회구성원들이 공유하는 것이 필요하다. 이것은 단지 학원이나 구청, 동사무소의 문화 프로그램의 연장이 아니라, 양질의 문화를 소개하고, 유통하는 허브역할을 함으로써, 교회가 지역사회의 문화적 질을 고양시키는 데 역할을 감당해야 한다는 것을 의미하기도 한다. 각 교회가 처한 지역사회 속에서 그 지역사회의 문화소외 계층을 배려하는 문화 프로그램을 실천함으로 지역사회 전반을 고양시키고, 궁극적으로 하나님의 나라로서의 이 땅의 문화를 고양시키는 역할을 감당할 수 있다. 이는 교회가 지역공동체 형성을 위해 문화센터를 적극적으로 모색해야 함을 의미한다. 21세기의 교회는 지역과 유리되는 교회가 아니라 지역사회와 함께 호흡하는 교회로 거듭나야 한다.

2) 운영을 위한 사전준비를 철저히 하라

처음부터 준비 없이 시작하는 문화센터는 실패하게 되어 있다. 문화센터는 일단 그 특성상 많은 비용과 교회의 인력이 투입되는 사역영역이므로 철저한 준비가 필요하다. 무엇보다 시작하기 전에 이미 문화센터를 성공적으로 운영하고 있는 교회와 사역자들에게 컨설팅을 받는 것이 중요하다. 이와 함께 운영비용 마련 문제, 운영 주체, 이사 선임, 강사 섭외, 홍보 문제, 강의 접수, 강의료 환불 문제, 법인 설립일 경우 이에 수반되는 서류 준비, 세금 문제(매우 중요한 문제가 될 수 있다; 취득세, 등록세, 주민세, 부가가치세) 등의 문제를 따져 보아야 한다. 이 외에도 운영내규를 정하는 문제, 관내 학원과의 연계 문제, 장애인 할인 문제 등도 세부적으로 준비해야 할 문제이다.

한편 중요한 팁이 있다면, 무엇보다 문화센터를 운영하면서 강의 중에 전도를 하겠다는 발상은 금물이라는 점이다. 강의 중에 전도를 하게 되면 강의에 대한 부담과 문화센터 자체의 의도에 대해 의심하게 됨으로써 문화센터 운영전반에 악영향을 미칠 수 있다. 이러한 점들에 유의

하면서 문화센터를 지역과 소통하는 창조적 공간으로 운영해 가는 것이 중요하다.

3) 지역사회와 연계한 다양한 문화 프로그램을 구축하라

교회가 문화센터를 통해 장기적으로 교회 이미지를 재고시키고, 이를 통해 선교사역을 원활하게 해야 할 뿐만 아니라 보다 사회적 섬김의 차원에서 지역공동체를 건강하게 구축하는 일을 감당해야 한다. 여기에 교회 문화센터의 프로그램 확장 가능성이 있다. 특별히 지역사회와 교회가 함께하는 프로그램 개발이 필요하다. 이를 위하여 창의적인 강좌개설뿐만 아니라 뮤지컬이나 연극 등을 공연하거나 지역주민과 함께하는 영화제 등 다양한 형태로 지역주민과 소통하고 문화적 경험을 할 수 있는 기회를 제공해야 할 것이다. 인문학 교실과 같은 형태의 문화강좌 등을 개설함으로써 근래 들어 부쩍 수요가 늘고 있는 인문학에 대한 욕구들을 교회의 문화센터를 통해 해소하는 것도 중요하다. 더불어 문화센터운영위원회에 통반장이나 부녀회 등을 포함시켜서 지역주민들이 원하는 것이 무엇인지를 직접 파악하는 것도 중요하다.

한편 급변하는 세대와 지역의 트렌드의 흐름에 주목하여 문화 프로그램을 개발해야 한다. 한 예로 문화센터 사역으로 잘 알려진 번동제일교회는 급증하는 노인인구에 따라 노인 프로그램의 필요성이 대두되어 '강북경로문화대학'을 개강하기도 하고, 강북지역의 주요 이슈인 아이들의 교육 문제를 인식하고 교육 프로그램인 '다니엘영재비전스'를 개관하여 어린이들을 위해 '토요어린이문화투어'를 진행하고 교인들과 지역주민들을 위해 '문화체험투어'를 개발하여 진행하기도 하였다. 또한 구립

도서관에 가기 번거로운 어린이들과 또 적지 않은 도서구입비에 부담을 느끼는 주민들을 위해 '어린이작은도서관'을 개관하기도 하였다. 이러한 노력들은 문화센터가 지역주민의 문화적 욕구에 부흥하는 조처로서 문화센터를 보다 지역주민을 위한 공간으로 인식되게 만든다.

4) 기존방식의 문화센터가 아닌 소규모 형태의 문화센터를 시도하라

문화센터를 창조적으로 운영하는 방법 중 중요한 것은 기존의 문화센터에 대한 고정관념을 버려야 한다는 것이다. 문화센터라 하면 아주 큰 건물이 있어야 하고 이에 따른 상당한 운영비용이 있어야만 할 수 있다는 생각을 버려야 한다. 문화센터는 반드시 큰 건물이 있을 필요는 없다. 특별히 기존의 시설들을 이용하여 소규모의 문화센터를 개설할 수 있는데, 가령 교회의 카페나 어린이 도서관 등을 이용하여 소규모 맞춤형 문화센터를 운영할 수 있다. 이런 경우 새로운 건물을 마련해야 하는 비용이 들어가지 않음으로 비용에 대한 문제에서 벗어날 수 있다. 아울러 기존 교회 카페나 도서관의 활성화에도 기여할 수 있어 비교적 규모가 작은 교회에서 시도해 볼 수 있는 문화센터의 형식이라 할 수 있겠다. 이 경우 이러한 공간에서 개설되는 문화 프로그램은 공간에 맞추어 젊은 세대들과 공감할 수 있는 프로그램이거나, 도서관의 경우 도서관 활성화 프로그램과 연계하여 부모와 자녀가 함께 참여하는 문화 프로그램의 형태를 지닐 수 있다.

문화센터 운영을 위한 참고자료 및 사례

① 문화목회 2.0 컨퍼런스, 「교회 문화센터의 창조적 운영」(문화선교연구원, 총회문화법인: 2009)

※ 이 자료는 문화목회 2.0 컨퍼런스 시리즈의 일환으로 기획된 컨퍼런스 중 문화센터에 대한 컨퍼런스 발제자료를 담고 있다.

구입문의: 문화선교연구원 (02)743-2535

② 번동제일교회 '강북열린문화센터' : 서울특별시 강북구 번2동 526-59. http://www.bundong.com

③ 부천동광교회 '동광문화원' : 경기도 부천시 소사구 괴안동 3-7. http://www.dk0691.or.kr

④ 거룩한빛광성교회 '광성평생배움터' : 경기도 고양시 일산 서구 덕이동 316-1. http://www.kwangsung.org

⑤ 가나안교회 '가나안문화선교센터' : 경기도 성남시 분당구 구미동 207번지. http://www.canaan.or.kr

⑥ 조치원제일장로교회 '조치원제일열린문화강좌' : 충남 연기군 조치원읍 신흥리 71번지. http://www.jjch.co.kr

소비문화시대 속에서 교회의 문화선교전략

1. 현실진단

현대사회를 특징짓는 대표적인 열쇳말 중 하나는 바로 '소비'이다. 풍요로운 소비사회에서 인간은 호모 콘수멘스(Homo Consumens, 소비하는 인간)로 정의된다. 소비는 한 사회의 경제를 계속적으로 발전시키는 촉매의 역할을 하며, 개인 차원에서도 삶의 만족을 가져다주는 행위로 간주된다. 미디어의 핵심에 있는 상업광고는 사람들에게 소비를 통해 자신의 욕구를 실현할 수 있는 정당한 권리를 행사하라고 끊임없이 설득한다. 또한 교회는 가장 커다란 소비의 장 중 하나이다. 교회의 규모가 커지고 밀집도가 높아질수록 교회에는 많은 자본이 유입되고, 그만큼 많은 양의 자본이 지출된다.

물론 이와 같은 소비 자체를 선이냐 악이냐의 잣대로 따질 수는 없다. 오히려 생산과 소비라는 두 축은 인간이 삶을 영위하기 위한 필수 요소로 볼 수도 있다. 하지만 현대사회에서 소비의 비중이 급격하게 커지는 현상은 여러 가지 문제점을 야기한 것도 사실이다. 대표적인 문제 몇 가지를 열거하면 다음과 같다.

첫 번째는 소비에 반영된 왜곡된 욕망의 문제이다. 자본주의 소비문화는 인간 존재에 대한 본질적인 욕망이 아니라 오직 상품에 대한 욕망을 조장하며, 나아가 도덕적 질서에 의해 제한되지 않는 끝없는 욕망을 추구하는 행동에 정당성을 부여한다.

두 번째는 자아정체성의 위기이다. 현대사회에서 개인은 자신이 소비하는 물건의 상징을 통하여 자신의 정체성 의식을 생성한다. 이같이 타자의 정체성을 상실하게 된 개인은 체제 논리에 순응하거나 자신의 욕망의 노예가 된다.

세 번째는 생태계 파괴 및 전 지구적 빈부격차의 문제이다. 많은 것을 소비하는 것은 삶의 질을 향상시키는 것 같으나, 소비에 뒤따르는 환경오염으로 인해 오히려 삶의 질을 떨어뜨린다. 비교적 풍요로운 국가들에서 이루어지는 자원과 에너지의 과도한 소비는 동시대의 여러 지역의 자연환경에 큰 타격을 입히고 생태계의 파괴를 촉진시킴으로 앞으로 다가올 세대가 누려야 할 몫을 제한시키게 된다. 또한 소비적인 자본주의의 유통과정은 대량생산과 대량소비를 유지하기 위해서 빈곤한 지역의 생산자들의 노동력에 대해 낮은 대가를 지불함으로써 전 세계적인 빈부격차의 구조를 심화시킨다.

2. 원인분석

그렇다면 이와 같은 소비의 문제를 발생시킨 원인은 무엇인가? 여러 복합적인 원인이 존재하겠지만 여기서는 대표적인 두 가지의 원인을 살펴보도록 하겠다.

1) 개인과 가정의 사회변화에 따른 소비활동 증가

기술의 발달에 따른 대량생산 체제 및 노동 분업화는 노동자의 비숙련화(deskilling)를 촉진하였고, 이에 따라 자급적 생산이 가능하였던 가정을 대량소비에 의존하는 곳으로 변화시켰다. 또한 초과된 생산성은 절약보다는 소비를 사회책임적인 행위이자 새로운 도덕으로 간주하는 풍토를 형성하였다.

또한 대가족이 감당하였던 사회적 도움과 육체노동을 대치할 수 있는 각종 도구들이 확장되면서 소가족 및 핵가족이 등장한 것도 중요한 변화이다. 소가족이 동반하는 사회적 고립과 공동체적 자원들의 상실은 소비의 증가를 더욱 촉진시켰다. 그리고 전통적인 차원에서 혈연, 신분, 토지 등과의 관련성에서 자신의 정체성을 확립하던 것과는 달리 사람들은 점점 과시적인 소비활동을 통해 자신의 정체성을 확립하고자 하는 경향을 갖게 되었다.

2) 문화의 상품화와 주체성의 상실

문화의 상품화(commodification)란 문화적 전통이나 신앙이 자신들의 기반인 토대적 정황과 분리되어 원래의 준거(reference)나 기의(signified)와는 전혀 상관없이 자유롭게 부유하는 기표(signifier)가 양산되는 현상을 말한다. 쉽게 말하면, 사물에 가치를 부여하기 위한 수단으로 동원하였던 것이 사물 자체를 압도하게 되었다는 말이다. 사람들은 물건의 자체의 효용성보다는 그 이미지에 관심을 두게 되면서 소비는 점점 상상의 행위로 변화되기 시작하였다. 이와 같은 현상을 선도하는 것이 바로 상업광고와 현대 미디어의 발달이다.

앞서 언급하였듯, 소비사회를 살아가는 사람들은 소비를 통하여 자신의 정체성을 확증받는다. 미디어와 광고의 메시지는 아주 강력하다. "당신은 이것을 구매함으로써 당신이 원하는 사람이 될 수 있다." 소비자는 자신이 되고 싶어 하는 유형의 인간과 관련된 것을 보여 주는 상징을 구매하는 것이다. 이것은 선망하는 가치를 소유할 수 있는 가장 쉽고 빠른 길로 여겨진다. 그러나 광고의 기호와 그것에 대한 소비는 결코 그것들이 추동한 욕망을 충족시킬 수 없으며, 소비를 통해 형성된 정체성은 상품화에 의해 조작되고 연출된 가상의 정체성일 뿐이다. 따라서 개인은 결국 주체성을 상실하고 좌절과 소외를 경험하게 된다.

3. 대안적 지침

하나님 나라의 백성인 동시에 이 땅에서의 삶을 살아가야 하는 그리스도인들에게도 이와 같은 소비문화시대의 문제는 동일하게 적용된다. 따라서 소비문화시대의 문제에 대해 원인을 분석하고 지혜롭게 대응해야 할 필요성이 있다. 문화선교라는 말이 '문화를 통한 선교'인 동시에 '문화에 대한 선교'라는 측면을 고려할 때, 하나님께서는 건전하지 못한 소비문화를 그리스도의 가치로 변혁해 나가는 선교의 사명을 이 시대의 교회에 부여하셨음을 알 수 있다. 소비문화시대에 책임적인 그리스도인으로 살아가기 위한 대안적 지침을 다음과 같이 간략하게 정리해 보겠다.

1) 윤리적인 책임을 다하는 주체적인 소비문화 확산

① 생태계를 고려한 지속가능한 소비

지속가능한 소비란 지속가능한 발전이라는 개념과 관련을 맺고 있다. 지속가능한 소비를 통해 파괴되어 가는 생태계를 보존하고 다음세대가 계속해서 누릴 수 있는 지구환경을 유지하는 데에 목적을 두고 있다. 지속가능한 소비를 실천하기 위해서는 몇 가지 원칙이 필요하다. 첫째, 불필요한 낭비적 소비를 줄이고 자원을 공유할 수 있는 소비에 우선순위를 두어야 한다. 둘째, 소비행위를 할 때 에너지 및 자원을 최소화하며, 반대로 효율은 가장 극대화할 수 있는 방법을 고려해야 한다. 이러한 원칙을 적용하여 지속가능한 소비패턴의 사례를 다음과 같이 정리해 볼 수 있다.[66]

---

66) 자료: Doris A. Fuchs and Sylvia Lorek(2005). 박명희 외, 『생각하는 소비문화』, 333쪽에서 재인용.

소극적 지속가능 소비패턴의 예	적극적 지속가능 소비패턴의 예
차를 운전할 때 가솔린을 덜 소모하는 자동차를 사용하는 것.	차보다는 기차를 타는 것 또는 여행을 자주 하지 않거나 집과 일터를 가까운 곳에 정하는 것.
주거와 관련된 효율적 소비로 적절한 단열재를 사용하고 효율적 난방 시스템과 에너지 절약적 건축을 하는 것.	실내온도를 적절하게 낮추는 행동까지 하는 것, 개인이 사용하는 생활공간이 지속적으로 증가하는 것에 대해 문제를 제기하고 자제하는 활동 - 따라서 작은 것이 아름답다는 가치 추구.
영양 소비에 있어서는 지역 단위의 소출로 측정되는 기술적 효과 등은 대부분 환경적 압력을 동반하고 있다(에너지 소비형 비료, 지하수 압력 또는 논의의 여지가 있는 GMO의 영향 등).	육류소비의 절감이나 지역생산이 강조된다.

이 외에도 지속가능한 소비를 위해서 가정생활이나 교회생활에서 실천할 수 있는 여러 가지 방안들이 있다. 재활용과 재사용을 실천하는 녹색가게운동(YMCA 등)에 참여하거나 생활 속에서 일회용품, 플라스틱 제품, 음식물 쓰레기를 줄이기 위한 소비습관의 변화 등이 그것이다.

한편, 개인윤리의 차원이 아니라 사회적인 차원에서도 지속가능한 소비문화의 확산을 위해 힘써야 한다. 지속가능한 에너지 개발과 에너지의 효율적인 사용, 지속가능한 수자원의 사용 등의 문제에는 개인의 단위를 넘어서 국가와 기업, 그리고 시민단체 등 다양한 주체들의 연대와 협력이 요구된다.

따라서 교회는 성도 개개인의 소비패턴의 변화를 이루어 가는 동시에 교회 내에서 편의상 무책임하게 이루어졌던 관례적 소비문화를 혁

신해야 하며, 나아가 사회적인 차원에서 지속가능한 소비문화의 확산을 위한 움직임에 하나의 주체로서 관심을 기울여야 하는 다중적인 책임을 지니고 있다.

② 생산자와 소비자를 모두 고려한 윤리적 소비 운동 확산

앞서 원인분석에서 살펴본 것처럼 문화의 상품화로 인한 추상화는 결국 상품이 생산되기까지의 과정과 상황을 은폐하고, 상품이 주는 외양적인 이미지만을 사람들에게 강조하는 결과를 초래했다. 이와 같은 흐름을 거슬러서 생산과 유통, 소비과정에서 생산자가 정당한 임금을 받고 있는지, 혹은 생산자의 인권이 보장되고 있는지, 혹은 생산과정에서 환경파괴의 위험은 없는지 등의 질문을 통해 착한 소비(윤리적 소비)를 추구하는 것이 바로 공정무역과 공정여행, 생협 운동, 도농직거래 운동, 지역화폐 운동 등의 대안적 소비 운동이다. 교회는 이와 같은 윤리적 소비 운동에 참여하여 공의와 평화로 나타나는 하나님 나라의 가치를 확산시킬 수 있다.

공정무역(fair trade)은 자유무역(free trade)에 대비되는 개념으로, 다국적기업에 의해 주도되는 신자유주의 무역체제와 유통과정 속에서 필연적으로 소외될 수밖에 없는 제3세계 생산자들에게 공정한 가격을 지불하며, 판매수익에 포함되어 있는 '사회적 초과이익' 부분을 생산조합원들과의 합의하에 각종 교육과 복지 등 생산지역 발전을 위해 사용하는 무역활동이다. 공정무역은 일방적인 원조의 개념이 아니라 동등한 파트너십을 형성하여 정당한 거래를 하는 것을 목적으로 하고 있다. 우리나라에서는 현재 아름다운가게(www.beautifulcoffee.com), YMCA(www.peacecoffee.co.kr), 페어트레이드코리아(www.

ecofairtrade.co.kr), 한국공정무역연합(www.fairtradekorea.com), 커피밀 등에서 공정무역제품을 제공하고 있다.[67]

공정여행 역시 관광산업의 발달과 함께 파생된 문화적 갈등, 환경 파괴, 여행지의 인권 문제 등을 해결하기 위해 등장한 운동이다. 저개발국가의 경우 관광산업에 대한 국가경제의 의존도가 크지만, 실질적으로 관광산업을 통해 수입을 많이 얻는 것은 유럽과 미주 지역이다. 여기서 관광산업의 불평등한 구조를 확인할 수 있다. 따라서 공정여행은 여행할 때 쓰게 되는 돈이 원주민들에게 정당하게 돌아갈 수 있도록 하여 지역경제의 발전에 도움을 준다. 또한 원주민들의 인권을 보장하고 그들을 관광산업의 객체가 아니라 동등한 관계 속에서 함께 교류하는 것을 중요한 목적으로 삼는다. 공정여행단체 이매진피스(www.imaginepeace.or.kr)에서 제공하는 공정여행을 위한 열 가지 방법 중 몇 가지를 소개하도록 하겠다.[68] 이와 같은 지침은 교회에서도 각종 비전트립과 단기선교 계획수립 시에 참고할 수 있는 부분이다.

- 다른 이의 인권을 존중하는 여행: 직원에게 적정한 근로조건을 지키는 숙소, 여행사를 선택하기.
- 성매매를 하지 않는 여행: 아동성매매, 섹스관광, 골프관광 등을 거부하기.
- 지역에 도움이 되는 여행: 현지인이 운영하는 숙소, 음식점 가이드, 교통시설 이용하기.
- 윤리적으로 소비하는 여행: 과도한 쇼핑하지 않기, 공정무역 제품 이용

---

67) 공정무역기독인연합 홈페이지(http://cafe.daum.net/fairchristian)에 방문하면 공정무역에 대한 풍성한 정보를 얻을 수 있다.
68) "착한 여행, 떠나보실래요?"《문화매거진-오늘》통권 52호(2009년 7~8월)에서 인용.

하기, 지나치게 깎지 않기.
- 여행하는 곳의 사람과 문화를 존중하는 여행: 생활방식, 종교를 이해하고 예의를 갖추기.

2) 소비사회를 넘어서: 나눔과 누림의 삶의 방식을 구현하는 신학과 신앙

앞서 설명한 윤리적 소비활동은 소비사회 안에서의 책임적인 선택의 일환이라 할 수 있다. 하지만 교회는 그와 같은 실천적인 측면과 더불어 소비사회 속에서 그리스도인의 신앙과 삶이라는 문제에 대해 근본적인 가치전환을 수행해야 한다. 이러한 신학적인 작업 없이는, 앞서 말한 소비 운동도 풍요를 누리는 사람의 입장에서 일부분의 몫을 떼어 시혜를 베풀고 자족하게 되는 '소비 트렌드'에 그칠 우려가 있다는 점이다. 실제로 소비문화는 자신에 대한 다양한 비판을 오히려 상품화하여 결국에는 소비문화 안으로 편입시키고 마는 괴력을 발휘하고 있다.[69] 이와 같은 위험을 방지하기 위해서 교회가 확립해야 할 몇 가지 지향점을 제안하고자 한다. 물론 이것은 간략한 제안일 뿐이며, 성경에 근거를 두고 성령의 인도하심을 받는 건전한 신학적 성찰과 실천이 계속적으로 이루어질 필요성이 있다.

첫째, 소비사회를 극복하기 위하여 교회는 우리 그리스도인의 정체성은 소비와 소유에 기반을 두는 것이 아니라 예수 그리스도를 통해 하나님께서 우리를 그의 백성으로 부르셨다는 사실에 기반을 두는 것임을 강조해야 한다.

---

[69] Vincent J. Miller, Consuming Religion. p.18. 임성빈, "소비문화와 교회", 『소비문화시대의 기독교』, 35쪽에서 재인용.

둘째, 소비사회에 만연해 있는 물질 중심의 가치관, 개인의 욕망을 최대한으로 실현하는 것에 중점을 두는 가치관에 대한 적극적인 저항의 일환으로서 교회는 자발적 소박함과 자발적 빈곤의 삶의 방식을 모색해야 한다.

셋째, 교회는 하나님께서 주신 모든 물질이 나의 소유가 아니라는 청지기 정신을 회복해야 한다. 나아가 교회는 그 물질의 목적이 하나님과 이웃을 섬기는 데에 있음을 깨닫고, 자기 자신만을 위한 소비적 삶에서 타자와 함께 살아가는 나눔과 누림의 삶으로 전환하여, 하나님 나라를 살아내는 종말론적인 공동체가 되어야 한다.

참고문헌

· 김영봉, 『바늘귀를 통과한 부자』, IVP.
· 박명희 외 5명, 『생각하는 소비문화』, 교문사.
· 임성빈 외 7명, 『소비문화시대의 기독교』, 예영커뮤니케이션.
· 2008 제5회 기독교 문화 학술 심포지움, "소비문화시대의 기독교 II : 책임적 소비문화를 지향하며".
· "특집: 왜 '착한 소비'인가?", 《복음과 상황》 제224호(2009년 6월).
· "착한 여행, 떠나보실래요?", 문화매거진 《오늘》 통권 52호(2009년 7~8월).

3부
문화선교
실제적 준비와 실행편

1장

교회 내에서 문화선교의 실제적 준비와 실행[70]

　현재 많은 교회들이 어떠한 방식과 유형으로든 문화선교를 하고 있거나 계획하고 있다. 이것은 단지 문화선교적 차원뿐만 아니라, 지역사회를 향한 교회의 봉사와 헌신적 차원에서 새로운 선교전략으로 문화선교가 부상되고 있음을 알려 준다. 하지만 많은 교회에서는 이러한 문화선교의 필요성을 감지하고 있으면서도 이에 대한 실제적 준비는 여전히 미흡한 실정이다. 따라서 각 개교회에서는 무엇을 어떻게 시작해야 할 것인지, 또는 지금 하고 있는 사역이 제대로 운영되고 있는지에 대한 고민을 하고 있다.
　3부 문화선교의 준비와 실행편에서는 문화선교를 향한 실제적 지침서(매뉴얼)를 담아 각 교회에서 이 매뉴얼을 바탕으로 곧장 문화선교

---

70) 위 내용은 『문화선교의 이론과 실제』(문화선교연구원 엮음, 2002)의 책 내용 중 "IX.문화선교사역의 실제"(pp.220-241)의 내용을 수정하여 보완한 내용임.

를 실시하거나 응용할 수 있도록 하였다. 많은 교회들이 이처럼 문화선교에 직, 간접적으로 참여를 하고 있는 실정이지만, 아직도 문화선교를 향한 실제적인 준비와 방안마련에 대하여 제대로 된 매뉴얼(이론적인 정리)이나 신학적인 구조화가 이루어지지 못하고 있는 상황에서 실제적으로 지교회에서 준비하고 있거나 실행하고 있는 교회 내에서 실제적인 지침서(매뉴얼)는 문화선교를 향한 좋은 가이드가 될 것이다.

본 문화선교의 실제적 준비와 실행에 담긴 내용은 크게 두 가지이다. 하나는 현재 회자되고 있는 문화선교의 다양한 용어를 정리하였다. 그리고 다른 하나는 교회 내에서 문화선교를 위한 실제적 준비와 실행을 어떻게 할 것인가에 대한 지침서이다. 이를 바탕으로 많은 교회들이 지역주민들과 올바른 소통의 공간을 통하여 선교적 발판을 마련하는 데 기여하길 소망한다.

1. 문화선교의 용어 및 개념 정리

1) 용어: 문화선교, 문화운동, 문화사역, 문화선교사역

문화선교를 일컫는 여러 용어들이 있다. 대부분의 교회들은 '문화선교'라는 용어를 사용하고 있고, 교회 밖을 향해서 사역하는 경우를 '문화운동'이라 부르고 있다. '문화선교'는 용어 자체도 이중적인 의미를 가지고 있기 때문에 현장에 있는 사역자들도 용어 사용에 있어서 많은 혼선을 겪고 있다. 문화선교를 위한 지침을 제시하기 위한 첫 단계로서 용어에 대한 정리를 다시금 해 보기로 한다.

① 문화선교

문화선교라는 개념을 이야기할 때 크게 두 가지의 중요한 개념을 고려해야만 한다. 한 가지는 '문화'라는 수단을 통한 선교라는 것이며, 다른 한 가지는 문화를 대상으로 하는 또 다른 형태의 선교라는 점이다. 이 두 가지의 다른 개념은 때로는 대립적이기도 하지만, 문화의 개념이 "자연과 대비되며 인간에 의하여 만들어지는 것이며 공유되는 생활양식과 사고방식의 총체"[71]라는 고전적인 정의와 "만들어지고 변하는 과정 속에 있으며 그 과정은 곧 정치적 권력과 자본의 힘으로 대표되는 어떤 헤게모니적 현상"[72]이라는 현대적인 의미를 겸하고 있다면 단순한 수단으로서의 문화는 존재할 수 없으며, 따라서 문화 자체가 선교의 대상이라는 것이 확실해진다. 결국 문화선교는 '문화성'과 '선교성' 두 가지를 동시에 추구할 수밖에 없으며, 이 둘 중 한 가지도 간과할 수 없다는 것이 확실하다.

이러한 의미에서 임성빈 교수는 문화선교를 "문화의 모든 영역을 복음적 정신과 실천으로써 변혁시킬 수 있는 역량을 가진 기독교 문화를 형성하여 하나님의 나라를 이 땅에 실현하려는 선교적 실천"을 의미한다고 규정하고 있다.[73] 문화선교와 함께 사용되는 용어 가운데 '문화운동'과 '문화사역' 등이 있다. 이러한 개념들은 위에서 설명한 '복음적 정신과 실천으로써 변혁시킬 수 있는 역량을 가진 기독교 문화를 형성하여, 하나님의 나라를 이 땅에 실현하려는 선교적 실천'을 목적으로 한다. 따라서 '문화선교'라는 개념은 전략(strategy)과 전술(tactics)의 측면 중 특별히 전략적인 개념이라고 볼 수 있다.

---

71) 김광억 외, 『문화의 다학문적 접근』(서울: 서울대학교출판부, 1998).
72) 위의 책.
73) 임성빈, "기독교적 문화관의 형성을 위하여: 변혁적 문화관을 중심으로", 장신논단 제16집 (2000), P.445.

② 문화운동

다소 진보적인 기독교 단체들에서 사용하기 시작하여 이제 교회에서도 종종 사용되고 있는 용어가 '기독교문화운동'이라는 것이다. 문화운동이라는 용어는 문화선교라는 용어에 거부감을 가지는 사람들을 중심으로 사용되고 있다. 그래서 교회 밖을 대상으로 해서 이루어지는 사역들을 문화운동이라고 일컫는 경우가 있다. 또는 선교라는 용어가 주는 '제국주의적이고 종교적인' 느낌 때문에 문화운동이라는 용어를 선호하는 경우도 있다.

문화운동이라는 단어는 과거 식민 지배하에 있었던 국가들, 혹은 서구 강대국이나 미국의 강력한 영향 아래에 있었던 제3세계 국가들을 중심으로 일어났던 반서구적, 혹은 반제국주의적인 이데올로기 운동이었다. 이것은 단순한 문화를 다루는 것이 아닌, 상위개념으로서의 문화, 즉 의식의 문제를 다루는 것이었다. '문화운동'이라 함은 의식을 변화시키고 개혁하려고 하는 의도를 가진 제반 활동이라고 말할 수 있다. 사회 안에서 사용되고 있는 문화운동이라는 용어도 대부분 이러한 이데올로기적 의도로 사용되고 있다. 즉, 문화운동이란 사회운동[74]의 한 유형으로 볼 수 있다.

일반 사회에서의 문화운동이 이데올로기를 실현하기 위한 전략으로 사용되고 있다면, 기독교 문화운동은 기독교적인 가치관과 윤리를 도구로 사회변혁을 이루기 위한 노력, 즉 하나님 나라의 원리를 이 땅 위에 실천하기 위한 선교적인 노력이라고 할 수 있다. '기독교윤리실천운동'의 사역이 그 대표적인 예이다.

---

74) 사회의 변혁, 개량이나 사회 문제의 해결을 위하여 집단으로서 지속적으로 행하는 행동(참고: 두산대백과 사전).

③ 문화사역

문화선교, 문화운동과는 조금 다른 의미임에도 불구하고 두 단어가 가지고 있는 모호함 때문에 실제적으로 현장에서 많이 사용되는 단어가 '문화사역'이다. '문화사역'이라는 용어는 주로 일선 사역자들에 의해서 사용되고 있다. 스스로를 '문화선교사'라고 지칭하기는 부담스럽고 '문화운동가'라고 부르기는 어색하기 때문에 적당한 명칭을 찾는 가운데 '사역'이라는 단어를 조합해서 '문화사역자'라는 단어가 형성된 듯하다.

'문화사역'이라고 불리는 사역들은 대개가 교회 안에서 이루어지고 있는 사역들임을 알 수 있다. 이는 '문화선교'나 '문화운동'이 가지고 있는 이념적이고 이데올로기적인 고민이나 갈등 없이 단지 문화적인 일 자체에 관심을 두고 있는 것처럼 보인다. 문화라는 단어가 가지고 있는 의미 자체가 워낙 광범위하기 때문에, 문화에 대한 사역이라는 것은 그 한계가 너무 모호하다. 분명히 '문화사역'은 '문화선교'에 비해서 교회 내부로 향하는 방향성을 가지고 있는 것 같다. 교회 안과 밖을 동시에 대상으로 하고 있지만, '문화사역'은 교회 내 사역으로 한정되는 느낌을 준다. 그러므로 '문화사역'은 교인들의 문화적인 요구를 충족시키기 위한 모든 사역을 포함한다고 할 수 있다.

④ 문화선교사역

이 글에서는 전략적인 개념의 '문화선교'에 대한 전술적인 개념으로서 '문화선교사역'을 제시한다. 하나님의 나라를 이 땅 위에 이루기 위한 문화선교의 실천적인 과제로서, 교회에서 이루어지고 있는 모든 형태의 사역들을 일컬어 '문화선교사역'이라고 규정하기로 한다. 교회에서 이루어지고 있는 문화와 관련된 흐름들은 사회운동으로서의 문화운동이 아닌, 하나님 나라를 이 땅 위에 이루어 나가기 위한 움직임이며, 이것의 구체적인 사역이 바로 '문화선교사역'인 것이다.

이러한 면에서 '문화선교사역'은 '문화'와 '문화운동'과 구별된다. 또한 '문화선교사역'은 분명한 문화선교적인 목표를 지니고 있는 전략을 통해 추진되는 것이며, 교회 내에서만 이루어지는 사역이 아니라, 교회의 안과 밖에서 믿는 사람들과 믿지 않는 사람들을 동시에 대상으로 한다는 점에서 문화사역과 구별된다.

표 1. 문화선교 관련 용어정리(전략과 전술의 개념에 따라 정리)

전략	문화선교	
전술	문화운동	문화사역
	문화선교사역	

표 2. 문화운동과 문화사역

	대상	영역
문화운동	주로 사회를 변혁의 대상으로 여기고 있기 때문에, 믿지 않는 사람들이 주된 대상이거나, 믿는 사람들과 믿지 않는 사람들 모두가 대상이 될 수 있다.	주로 의식변화에 대한 영역.
문화사역	주로 교회 내의 교인들을 대상으로 하며, 믿지 않는 사람들의 참여를 제한하지는 않는다.	눈에 보이는 형식으로서의 문화영역에 국한.

표 3. 문화선교/문화운동/문화사역/문화선교사역

	정의	활동
문화선교	하나님 나라의 문화혁명을 실천하여 하나님 나라를 확장시켜 나가는 모든 행위.	현지 선교지 사역
문화운동	기독교적 가치관과 윤리를 통한 사회변혁운동.	기독교윤리실천운동 대중문화변혁운동
문화사역	문화를 수단으로 하거나 문화 자체를 대상으로 하는 사역.	문화교실, 문화행사
문화선교사역	문화선교의 실천적인 과제로서 문화운동과 문화사역을 포함하는 개념.	문화선교연구원

표 4. 문화를 통한 선교/문화에 대한 선교

문화를 통한 선교를 강조하는 사역	문화에 대한 선교를 강조하는 사역
문화사역 문화교실	문화쉼터 기윤실운동

표 5. 지교회/노회/총회 단위로 준비해야 할 문화선교전략

지교회	노회	총회
실제적이고 교육적인 프로그램을 주로 실시한다. 지교회의 여건에 따라서 다양한 프로그램들을 개발할 수 있다. 문화선교사역 가운데 주로 문화사역에 비중을 두는 것이 좋다.	지역교회들이 연합하여 사역할 수 있는 장을 마련하고, 문화선교사역 방식 가운데 지역적인 문화운동의 차원을 다루는 것이 좋다.	문화선교 정책수립에 중점을 두고 문화선교사역자를 양성해야 한다. 국가적인 차원의 문화운동과 연대하여 참여할 수 있는 방안들을 모색하고, 정부의 기금을 지원받을 수 있는 방안들을 개발한다.
미디어 교육 - 각종 미디어 활용에 대한 실제적 교육. 모니터 교실 - 각 미디어에 대해서 관심을 가지고 계속적인 모니터 활동을 할 수 있도록 교육.	자체적인 역량이 모자라는 지역교회가 연합활동을 할 수 있도록 돕는다. 기존의 시민운동단체들 및 전문기관들과 연대하여 지역적인 문화운동의 방안을 모색한다.	지교회와 노회들에서 활용할 수 있는 구체적인 지침서를 제작하고, 이를 활용할 수 있도록 돕는다. 구체적, 실제적으로 문화생산자 운동에 참여하고 문화선교사역자 양성을 위한 기관을 설립한다.

2. 문화선교사역팀의 구성

1) 스탭 선임

교회 내 문화선교를 위하여 스탭 선임(운영스탭과 사역스탭)이 가장 필요하다. 문화선교의 방향과 결정이 여기에서 나오기 때문이다. 운영스탭은 문화선교를 교회적 차원에서 지원할 수 있는 멤버들로 문화선교에 대한 인식이 각별하고 이를 여러 방면에서 측면 지원하고 보호 관리할 수 있는 자들을 의미한다. 예를 들어 담임목사, 담당교역자, 부

장 또는 팀장으로 이어지는 체계적인 스탭으로 문화선교의 필요성을 공개적으로 알리는 홍보와 교회전체의 문화선교에 대한 방향성을 제시해 줄 수 있는 구성원이다. 사역스탭은 문화선교의 실제적 프로그램을 기획, 제작하고 이것을 체계적으로 이끌어 갈 수 있는 구성원들을 의미한다.

표 1

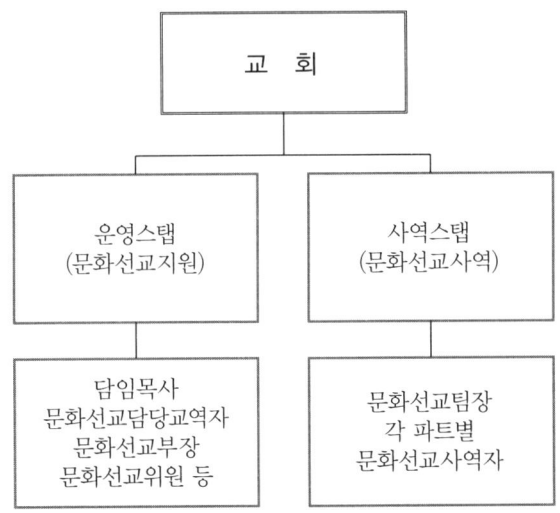

2) 사전조사 및 교회에 맞는 프로그램 마련

교회와 지역에 맞는 문화 프로그램을 위하여 사전조사가 필요하다. 예를 들어, 대도시와 중소도시 등 각 지역 간의 문화의식과 문화수준의 편차를 고려해야 하며, 이미 지역기관이나 단체에서 하고 있는 문화 프로그램을 교회가 또 다시 마련하여 이중적인 낭비를 하지 않도록 준비해야 한다. 그리고 아무리 문화 프로그램이 좋다 한들 교회와 지역주민들의 욕구에 맞지 않는다면 그 문화 프로그램은 힘을 잃게 될 것이다.

그러므로 교회 공동체와 지역민의 문화욕구가 무엇인지 사전조사를 통하여 알맞은 문화 프로그램을 작성한다. 또한 교회의 재정적 능력이나 지역적인 안배 그리고 문화적 수용의 능력에 따라 적절하게 조절되어야 한다. 처음부터 무리하게 문화 프로그램을 운영하다 보면 재정적인 면이나 스탭들의 무리한 운영방식에 따라 역효과가 일어날 가능성이 있기 때문이다. 여기서 교회사정에 맞는 문화 프로그램을 한 눈에 알아보고 교육할 수 있는 매뉴얼을 만들 수 있다면 큰 도움이 될 것이다.

표 2

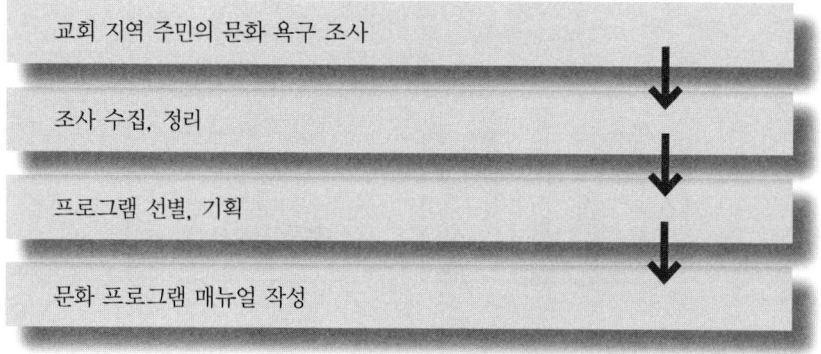

3) 문화사역자 발굴 및 확보

① 문화사역자 발굴 및 확보

교회사정과 지역사회의 문화의식 조사와 문화적 욕구가 조사되었다면, 이제 문화선교를 이끌어 나갈 문화선교에 헌신할 수 있는 사역자를 발굴해야 한다. 문화사역팀은 확정된 문화 프로그램을 담당할 수 있는 현장사역자이어야 하기에 전문성이 요구된다. 열의만 가지고선 안 되는 이유는 자칫 교회가 시행하는 문화 프로그램이 질적인 면에서 떨어질 수 있기 때문이다. 그러므로 교회들은 문화선교사역을 위한 인적자원을 발굴하여 우선적으로 각 문화 프로그램을 담당하되, 여의치 않을 경우 지역교회 간 문화선교를 위한 인력공유가 필요하다. 또한 지역주민들을 이해시키고 도움을 받는 것도 좋은 방법 가운데 하나이다.

표 3

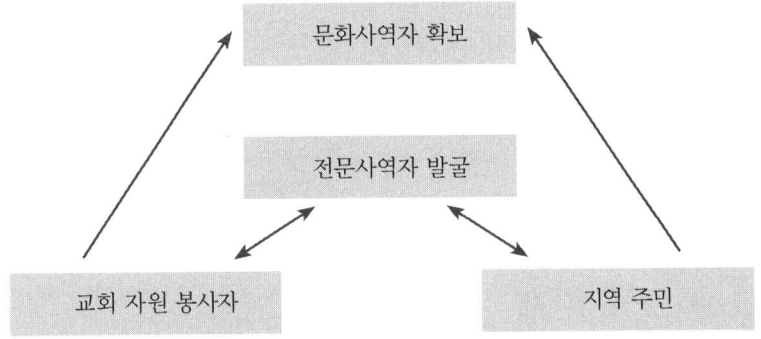

② **지역교회 간 연대를 통한 문화사역**

교회가 다양한 문화 프로그램을 수용하기에 힘든 소규모이거나 그 외의 여건으로 어려울 경우 지역교회 간 연대를 통하여 자기교회에 맞는 프로그램을 각자 나누어 시행할 수 있다면 소규모 교회의 유대감과 성장에 도움이 될 것이다. 일정한 지역 안의 교회가 연합하여 문화선교의 필요성과 인식을 나누고 교인들 간의 인적자원을 공유하고 분배하여 함께 문화선교 프로그램을 효율적으로 사역하도록 하게 할 수 있다.

예를 들어, A교회의 경우 지역아동을 위한 공부방을 운영한다면, B교회는 청소년사역중심, C교회는 지역독거노인사역, D교회는 치료상담센터로 특화된 문화사역을 운영할 수 있다.

표 4

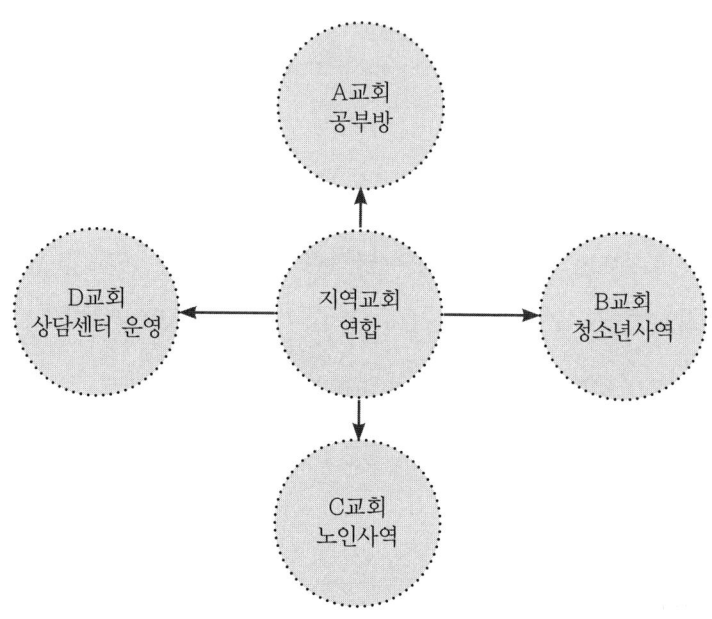

4) 문화선교 홍보 및 시행

문화 프로그램의 준비가 완성되면 시행을 위한 홍보가 필수적이다. 지역에 문화 프로그램을 알릴 때, 교회라는 이미지에 손상이 가지 않도록 최대한 조심스럽게 홍보를 해야 한다. 교회성장을 위해 문화선교사역들을 활용한다는 인상을 주어서는 안 된다. 또한 프로그램 참여자에게 교회출석을 강요하거나 부담을 주어서는 안 되는데 이것은 신자이든 비신자이든 누구든지 문화 프로그램으로 발걸음을 옮기는 데 편안함과 유익함을 줄 수 있는 계기를 마련해야 하기 때문이다.

표 5

홍보	• 과대한 홍보 자제 • 프로그램 참가에 따른 유익함 전달(프로그램 안내)
참여 유도	• 교회 이미지 관리(교회 성장의 방안으로 문화사역 인식 배제) • 프로그램 안으로 자발적 참여를 위한 문턱 낮추기
실시	• 프로그램 시행(양질의 프로그램 지속적 개발) • 프로그램 수정 보완(참여자와 시행자 간의 지속적인 대화)

교회가 문화 프로그램을 실시하는 데 있어서 무엇보다 중요한 것은 프로그램의 경제성[75]이다. 참여자들이 접근하기 쉽게 비용을 저렴하게 하여 참여의 문턱을 낮추는 것도 좋은 방법이나 비용을 무조건 낮추는 것에 초점을 맞추다 보면 양질의 프로그램을 놓치거나 간과하기 쉽다. 진정한 프로그램의 경제성은 참여자가 문화 프로그램 참여를 통해 얻게 되는 경제적인 효율성과 만족감에 맞추어져야 한다. 또한 교회가 참여하고 투자해야 할 부분과 참여자가 참여하여 함께 만들어 가야 할 부담은 어디까지인가를 분명히 밝히고 참여자와 시행교회 간에 지속적으로 대화를 통해 문제를 보완해 갈 수 있는 대화창구를 마련하는 것도 좋은 방안이다.

---

[75] 문화 프로그램에 참여를 원하는 자들의 욕구는 다양하다. 이들이 무엇보다 원하는 것은 단지 저렴한 참가비만이 아니라 양질의 프로그램, 특화와 희소성으로 가진 프로그램 여부이다. 이러한 프로그램이 이른바 "경제성"을 지닌 프로그램이라 할 수 있다

5) 사역점검 및 보완 그리고 재실행

　문화선교사역은 일회적 이벤트성 행사가 아니다. 지속적이고 장기적인 계획 아래 진행되어야 하기에 사역을 지속, 보완, 유지, 재실행할 수 있는 구조로 만들어야 한다. 예를 들어 꾸준히 발전적인 프로그램은 더욱 강화시키되, 부족하고 미비한 프로그램을 빨리 다른 프로그램으로 대체하든지 아니면 보완할 수 있는 시스템이 마련되어야 한다. 또한 새로운 사역자가 지원되거나 투입될 경우 앞서 만들어진 프로그램 매뉴얼에 따라 정확한 교육과 아울러 시행하고 있는 사역자와의 긴밀한 현장실습을 통하여 유연하게 프로그램을 이어받을 수 있도록 해야 한다. 무엇보다 사역자의 장기적인 사역을 통하여 그 여건이나 능력에 한계가 엿보일 경우, 충분한 휴식과 재교육을 받을 수 있는 기회가 마련되어야 한다. 어느 한, 두 사람에게 일이 과중되지 않도록 하는 제도적인 장치가 필요하다.

표 6

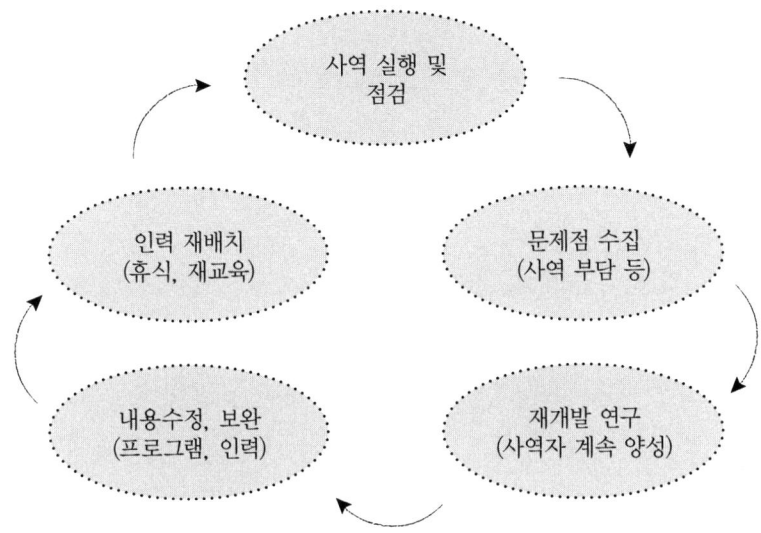

2장

교회 문화선교 실천사례

1. 거룩한빛광성교회

1) 전반적인 개요

1997년 고양시 일산4동에서 시작된 거룩한빛광성교회(정성진 목사, 대한예수교장로회 통합)는 2005년에 현재의 위치인 일산 서구 덕이동으로 이전하여 현재까지 꾸준하게 양적, 질적으로 부흥하고 있는 교회이다. '섬기는 교회' '인재를 양성하는 교회' '상식이 통하는 교회'의 3대 목표와 '지역사회 문화중심' '고양파주 성시본부' '한국교회 개혁모델' '북한선교 전초기지' '세계선교 중심센터'의 5대 비전을 중심으로 모든 교회 사역이 이루어지고 있다. 특별히 문화사역의 측면에서는 '지역사회 문화중심'이라는 비전에 따라 다양한 콘텐츠의 평생배움터(문화강좌)와 교회 내 문화시설을 지속적으로 운영하여 교회의 문턱을 낮추고 지역사회에 문화적 혜택을 제공하는 노력을 기울이고 있다. 또한 천사가게 등 교회 부속기관에서 생긴 수익을 지역사회에 환원하고, 교인이 아닌 지역주민들에게도 장학금을 수여하거나 천사해피뱅크(무보증, 무이자 대출)의 혜택을 주는 등 지역사회에 실질적인 도움을 줌으로써 기독교의 이미지를 개선하고 복음전파의 발판을 마련하는 데 앞장서고 있다.

2) 사역의 비전, 특징 및 방향

거룩한빛광성교회는 예수님께서 세우시고 사도행전에 나타난 초대교회와 같은 바른 교회를 만들어 나가는 교회이다. 이를 위하여 세운 5대 비전 중 첫 번째인 '지역사회 문화중심'을 문화선교사역의 비전으로 삼고 있다. 구체적으로, 다양한 문화강좌와 문화시설을 통해 지역사회의 비기독교인들에게 교회의 문턱을 낮추고, 지역주민의 자기발전과 평생교육에 이바지하는 사역을 감당하고 있다. 이를 위해 교회는 끊임없이 평신도 은사자를 발굴하여 섬기고 봉사하는 일꾼이 되게 하며, 교인들뿐 아니라 참여하는 모든 지역주민과 함께 참된 행복과 기쁨을 나눌 수 있는 바른 교회의 모습을 지향하고 있다.

3) 사역의 구체적인 내용(프로그램의 구체적인 내용)

① 광성평생배움터(문화강좌)

'광성평생배움터'는 지역주민들과 교인들이 함께 참여할 수 있는 문화강좌이다. 개척 초기에는 무료 강의였으나, 회원들이 보다 적극적으로 책임감 있게 참가할 수 있도록 실 수강료(재료비와 강사비)만을 받고 운영하고 있다. 강좌는 3개월 단위로 진행되며, 기수당 100여 개 이상의 다양한 강좌가 열린다.

강좌의 내용은 크게 보면 성인 프로그램(외국어, 서예, 문예, 생활공예, 옷수선, 쇼핑몰, 스포츠, 뷰티, 건강, 요리, 제과제빵, 악기, 미술 등)과 어린이 프로그램(악기, 서예, 애니메이션, 공예 등), 학습 프로그램(논술, 외국어, 수학 등), 유아 프로그램(동화구연, 미술, 창의력, 유아체육, 오감발달놀이 등)으로 나누어진다. 현재 한 기수에 1,000-1,500명 정도의 사람들이 참여하고 있으며, 그중에서 20% 정도만 거룩한빛광성교회 교인이고 나머지는 지역사회 주민들이 대부분이다. 강좌는 주중에 교회 내의 각 공간들을 분배해서 이루어지기 때문에 주민들이 상시 교회에 출입할 수 있도록 되어 있다.

광성평생배움터의 장점은 이윤사업이 아니기 때문에 지역주민들에게 최소한의 금액(실 수강료)만으로 질 좋은 문화적인 혜택을 제공할 수 있다는 점이다. 그리고 교회에서 하는 문화사역이지만 기도를 한다거나 교회에 나오라는 권유 등을 하지 않기 때문에 주민들이 부담 없이 참가할 수 있다는 장점도 있다. 실제로 평생배움터를 통해서 교회에 대한 이미지가 바뀌고 부담이 적어져서 교회에 출석하게 되는 주민들도 있다. 또한 교인들 스스로도 문화강좌를 통해서 발견한 여러 가지 달란트를 가지고 자발적이고 지속적으로 섬김을 실천하는 사례들도 생겨나고 있다. 야생화 강좌의 수강생들이 '꽃다지선교회'를 조직하여 활동한다거나, 미술강좌를 들은 수강생들이 미술 전시회를 여는 등의 예가 바로 그것이다.

또한 광성평생배움터는 문화적으로 소외되기 쉬운 계층도 문화를 향유하고 자기발전을 이룰 수 있도록 돕는 역할을 하고 있다. 일례로 장애우 통합 프로그램으로서 음악클리닉, 미술치료, 신체놀이, 비누·천연화장품 만들기 등의 문화강좌를 계속적으로 운영하고 있다. 또한 외국인 노동자들을 대상으로 미용, 제과제빵 등과 같은 직업강좌를 무료로 실시하고 있으며, 지역교회 목회자 사모들을 위한 무료 미용강좌 등도 평생배움터의 대표적인 프로그램이다.

광성평생배움터

② 지역주민과 함께하는 문화공연

2005년에 현재의 성전으로 옮기고 입당예배를 드린 거룩한빛광성교회는 이 당시 입당예배뿐 아니라 이웃사랑을 실천하는 차원에서 다양한 공연으로 이루어진 입당행사를 열었다. 뮤지컬 "마리아 마리아" 공연, SBS 관현악단 공연, 파리나무십자가 합창단 공연, 7080 음악의 밤, 어린이 연극 공연 등을 통해 교회 안에서만 자축하는 입당행사가 아니라 지역사회와 함께 기뻐하고 누릴 수 있는 입당행사를 기획

한 것이다.

이것을 계기로 거룩한빛광성교회 교인들로 이루어진 오케스트라, 핸드벨팀, 색소폰팀, 드라마 선교팀 등도 연 1회의 정기공연을 통해 주민들과 문화적으로 소통하는 기회를 계속 마련하고 있다. 또한 이 팀들은 호수공원, 아파트 단지 등 지역사회 안으로 '찾아가는' 음악회를 열기도 한다.

지역주민과 함께하는 뮤지컬 공연

③ 지역사회의 복지를 위한 제도 및 시설

거룩한빛광성교회는 교회건물을 개방하여 지역주민들이 부담 없이 교회시설을 이용할 수 있도록 장려하고 있다. 약 1만여 권의 장서를 보유하고 있는 '광성북카페', 서점 '지혜모아', 미용실 '아름머리방', 카페 '올

리브 향기', 체육관 및 헬스장 등은 교회의 문턱을 낮추고 기존의 교회 이미지를 개선하는 데 큰 역할을 하고 있다.

교회의 시설들은 취미생활을 너머 삶에 있어서 실제적인 도움을 주는 역할도 수행하고 있다. 교회 지하에 있는 무료병원인 '쿰치유센터'는 외국인 노동자나 무료로 의료혜택을 받지 못하고 있는 사람들을 위해 양방, 한방, 치과진료 등이 가능하도록 마련된 공간이다. 주일에는 교인들로 이루어진 의료진들이 '쿰치유센터'에 상주하여 진료를 한다. 그리고 주중에는 '쿰치유센터'로 찾아온 사람들을 이 의료진들이 운영하는 각각의 병원으로 연결시켜서 그곳에서 무료진료를 받을 수 있도록 안내해 주고 있다.

이 밖에도 각종 재활용 물건들을 판매하는 상점으로 '천사가게'를 운영하여 수익을 지역사회에 환원하고 있으며, 무료급식사업의 대안으로

친환경 제품을 판매하는 '천사가게'

실시된 '천사국수가게' 역시 그 수익을 구제사업에 사용하고 있다. 소정의 사업계획서를 제출하면 무보증, 무이자로 대출을 받을 수 있는 '천사해피뱅크'는 교인들뿐 아니라 지역주민에게도 열려 있다.

거룩한빛광성교회
경기도 고양시 일산 서구 덕이동 316-1. 031-918-9100.
http://www.kwangsung.org

2. 본교회

1) 전반적인 개요

서울시 성북구 삼선동에 위치한 본교회(舊 돈암동성결교회, 조영진 목사, 기독교대한성결교)는 그 이름에서 알 수 있듯이 교회의 본질로 돌아가기 위해 힘쓰는 교회이다. 본교회가 추구하는 본질이란 '하나님과 이웃을 위하는 교회'이며, 이 두 가지는 분리되어 있지 않고 하나로 통합되어 있다. 이와 같은 목적에 따라 본교회에서는 예배당을 열린 건축양식으로 지어서 예배의 공간과 이웃을 만나는 공간을 통합시키고, 지역주민들과 문화적인 공유와 소통을 이룰 수 있는 다양한 프로그램들을 운영하고 있다. 본교회의 문화선교사역들은 주로 문화생활로부터 소외되어 있는 사람들에게 문화적 혜택을 제공하는 동시에, 다음 세대를 키워 내기 위한 교육 문화사업 등에 집중되어 있다.

2) 사역의 비전, 특징 및 방향

① 비전

이전 시대까지 교회는 주로 문화를 세상의 범주로만 인식하여 터부시하였다. 하지만 인간의 삶의 집대성이 문화라는 것을 고려할 때, 이제 교회는 문화를 새롭게 인식해야 할 필요성이 있다. 본교회는 문화선교사역을 통해 다음과 같은 인식의 변화를 소망하고 있다.

첫 번째로 문화를 죄악시하거나 터부시하는 경향을 버리고 선교적 도구로서 문화를 적극적으로 활용하는 교회이다. 이것을 원활하게 하지 못하면, 젊은 세대들과 소통 자체가 막힐뿐더러, 세상도 잃어버리고 교회도 잃어버리는 결과를 초래하게 된다. 두 번째로 문화를 활용하는 것을 넘어서 문화를 적극적으로 바꾸려는 의지를 가지는 교회이다. 현재 세상의 모든 문화 속에 들어 있는 핵심은 휴머니즘(인본주의)이다. 이 사상에 의해 모든 문화가 이끌려 가도록 놓아두는 것이 아니라, 기독교적인 대안을 제시해 줄 수 있어야 한다. 세 번째로 교회 안의 좋은 문화를 창출하고 그것이 교회 밖에서도 대중적인 문화가 될 수 있도록 소개해 줄 수 있는 교회이다. '기독교 문화'라는 이름의 딱지를 많이 붙이기보다는, 휴머니즘을 넘어서 기독교적인 사랑과 희생을 전달해 주는 '건강한 문화'를 사회에 선물로 공급해 줄 수 있어야 한다.

② 사역의 특징 및 방향

본교회의 문화선교사역은 주로 지역 내에서 각종 문화적인 혜택으로부터 소외되어 있는 사람들에게 좋은 문화를 제공하는 사역들로 이루어져 있다. 또한 2009년부터는 '다음 세대를 위한 교회'라는 모토에 따라, 교육적인 마인드를 가지고 좋은 문화를 통해 지역 청소년들을 길러내는 데에도 더욱 힘쓰고 있다.

3) 사역의 구체적인 내용(프로그램의 구체적인 내용)

① 곰세마리 어린이 도서관

곰세마리 어린이 도서관은 한국도서 약 4천 5백여 권과 영문도서 2천여 권 등을 보유하고 있으며, 지역주민들이 정보를 교류하고 쉼을 가지며 꿈을 키워 가는 공간으로 자리매김하였다. 이름은 어린이도서관으로 되어 있지만, 여러 가지 체험학습, 책 읽어 주는 프로그램, 그리고 미술관·음악회·박물관 관람 등과 연결되는 문화적인 지원을 통해 가족 모두가 함께 참여할 수 있는 도서관으로서 역할을 수행하고 있다. 이용시간은 매주 월-금 오전 10시부터 오후 6시까지, 토요일과 주일은 오후 3시까지이다.

곰세마리 어린이 도서관

② 10·10 미션

교회는 약자에 대한 관심과 배려를 잊지 말아야 한다. 경쟁사회 속에서 가정, 건강, 직업 등의 문제로 힘들어하는 사람들을 배려하고 그들의 삶을 세워 나가는 데에 교회가 헌신하는 것이 10·10 미션의 목표이다. 10·10 미션은 10년에 걸쳐 10억 원의 기금을 모아 전액을 이와 같이 지역사회의 발전을 위해 사용하겠다는 장기 프로젝트이다. 10·10 미션에는 이미 사회봉사를 실천하고 있는 다일병원, 한빛맹아원 등 여러 단체와의 협력사업, 지역 고등학교를 지원하고 장학금을 수여하기, 문화적으로 소외된 소년원이나 구치소 등에 좋은 도서 보내기, 다문화 가정지원 등이 포함되어 있다.

③ 지역아동센터 및 청소년학습센터 운영

예전에는 가난 때문에 청소년들이 밥을 먹지 못하는 것이 주된 문제였다면, 최근에는 정서적인 측면에 대한 중요성이 상당히 높아졌다. 예를 들면 부모가 모두 직장에 나가기 때문에, 방과 후의 대부분의 시간들을 혼자 보내야 하는 청소년들의 경우 부모와의 충분한 정서적 교감이 이루어질 수 없고, 여러 가지 문화생활로부터도 멀어질 수 있다.

본교회에서 운영하는 청소년학습센터는 이 같은 지역 청소년들에게 저녁식사를 제공하고 공부를 도와주거나 직업훈련을 도와주는 등의 역할을 감당하고 있다. 또한 자원봉사자들이 삶에 있어서도 좋은 멘토의 역할을 하여, 청소년들이 자신의 삶을 긍정하고 비전을 발견할 수 있도록 돕는 역할을 하고 있다.

④ 녹색산업(추진 중)

지구환경을 지키기 위한 노력은 모두에게 속한 생존의 문제이다. 본 교회에서 추진 중인 녹색산업은 '동전 재활용 프로그램'이다. 각 가정에서 동전들이 사장된 채로 있으면, 결국 새 동전을 다시 생산하기 위해 많은 자원이 낭비가 된다. 따라서 이런 동전들도 재활용하는 동시에 소외된 이웃을 위해 그것을 사용할 수 있는 길을 모색하고 있다.

현재로서 추진하고 있는 사업은 다음과 같다. 동전자동계수기계를 교회가 지역사회에 기증하여, 각 가정마다 모았던 동전을 모두 가지고 와서 계수하고, 사랑의열매 등의 복지재단으로 자동 연결하여 그 금액을 바로 기부할 수 있도록 하는 프로그램 등이다.

⑤ 교회 건물의 다양하고 유연한 사용

본교회는 2006년, 지역주민들의 접근성을 높이기 위한 의도로 지어진 새 교회 건물을 교회 안팎의 찬양집회와 세미나 등을 위해 개방하고 있으며, 그 외에 일반 대중가수들도 '열린음악회'를 통해 본당에서 공연을 가지기도 하였다. 한편 지역주민들이 이용할 수 있는 카페를 운영함으로써 지역주민과의 소통에도 힘쓰고 있다.

지역주민과 함께하는 카페

본교회
서울 특별시 성북구 삼선동3가 5-1. 02-742-6285.
http://www.donamdong.org

3. 조치원제일장로교회

1) 전반적인 개요

조치원제일장로교회(전세광 목사, 대한예수교 장로회 통합)는 문화의 소외지역인 지방 소도시에 소재하고 있지만 이 지역에 어둠의 문화를 기독교적, 빛의 문화로 변혁시켜 나가기 위한 방법으로서 여러 가지 문화사역을 계획, 실천하고 있다. 조치원제일장로교회는 그동안 '노인대학' 및 '노인 및 결식자 무료급식' 사업을 통해 지역사회로부터 받은 신뢰와 함께 어려운 상황에서도 성장해 왔다. 더불어 이제는 좀 더 적극적이고, 도전적인 자세로 지역의 젊은 주부층과 자라나는 세대인 어린이들을 위한 '열린문화센터'를 기획하고 시도하여 지역사회의 문화발전뿐만 아니라 새로운 패러다임을 통한 교회부흥에도 힘쓰고 있다.

2) 사역의 비전, 특징 및 방향

① 비전

조치원제일장로교회는 지금은 비록 문화적으로 열악한 지방 소도시의 교회지만 앞으로는 대한민국의 '행정중심복합도시'가 세워지는 지역의 교회로 지역과 열방과 다방면으로 선교하는 교회를 꿈꾸며, 무엇보다 시대적 요청인 '문화선교'의 사명을 앞장 서 감당하는 교회, 건강한 교회를 지향한다. 조치원제일장로교회가 30주년을 맞이하여 선포한 교회의 '비전선포'와 '미션선언'의 내용이 그것을 보여 준다. 내용은 다음과 같다.

첫째는, 교회는 세상을 향해 열려 있고, 이웃과 함께 해야 한다. 그래야 세상을 이끄는 교회가 될 수 있다. 둘째는 섬김과 나눔을 통해 지역사회와 이웃에게 인정받는 교회가 되는 것이다. 섬김은 교회의 머리이신 예수님께서 이 땅에 오신 목적이며, 말과 혀가 아닌 행함과 진실함으로 사랑함으로 나누는 교회가 하나님과 사람 앞에 칭찬받는 교회다운 교회가 될 수 있기 때문이다. 셋째는 문화적 도구와 '콘텐츠'들을 잘 활용하여 '문화선교'의 사명을 감당하는 교회이다. 세상 속에서의 변화의 바람은 날로 빨라지고 있지만, 교회는 더 이상 기존의 방법으로는 성장하지 못하고 있다. 성장하는 교회라고 해도 단지 수평 이동적인 성장에 불과하다. 그것은 정보화 시대를 지나 문화의 시대가 다가왔다는 것을 의미한다. 세상의 변화를 포용하고 변화를 주도하기 위해 문화적 접근이 필요하다.

이를 위해 "어떻게 하면 이 지역상황 속에서 교회의 사명을 감당하며 교회성장을 도모할 수 있을 것인가?"라는 고민 속에서 지역을 향한 '열린문화센터' 운영이라는 대안을 생각하게 된 것이다. 열린 창(窓)을 통해 세상을 사랑의 마음으로 섬기는 교회로서 지역사회를 문화적으로 선도하고 더욱 활성화시켜 나가기를 원하고 있다.

② 사역의 특징 및 방향

조치원제일장로교회의 문화사역의 첫 번째 특징은 지역의 문화적 낙후성을 극복하는 데 있다. 조치원제일교회는 3개의 대도시를 약 20분 거리에 두고 삼각형 한 가운데에 위치한 인구 3만 5천 명의 소읍지이다. 문화적 기반이 열악한 상태에 있기 때문에 주민들의 문화적 욕구는 인근의 대도시를 찾아가 해소하고 있다. 이러한 상황에서 조치원제일장로교회는 문화센터와 카페, 그리고 키즈랜드(kid's land)를 통해 지역문화 발전의 장이 되어 지역민들의 문화적 욕구를 감당하고 해소하는 역할을 하기 위해 노력하고 있다. 특히 조치원제일장로교회의 문화센터사역은 수도권과 서울지역의 교회들의 프로그램과 다를 바가 없다. 비록 지방의 소도시이지만 교회가 지역민들에게 높은 문화수준을 경험하게 함으로써 지역민들의 문화적 낙후성을 극복할 수 있도록 돕고 있다.

두 번째 특징은 지역민과 더불어 한 몸이 되는 사역이다. 교회의 문화사역을 통해 조치원제일장로교회는 지역민들의 삶 속으로 파고 들어가고 있다. 이제 조치원제일장로교회는 교인들만의 장소가 아니라 지역주민들이 문화강좌에 함께 참여하며, 차를 마시고 아이들과 함께 즐기는 공간으로 거듭나게 되면서 교회에 대한 인식이 바뀌어 지역주민을 위한 공간으로 변해 가고 있다. 조치원제일장로교회는 이제 지역주민들의 삶 속에 긍정적인 이미지로 비추어져 더 이상 비신자들에게 낯선 공간이 아니라 친숙하고 함께 하는 공간이 되었다.

세 번째 특징은 교회가 조치원의 문화의 중심지가 되도록 노력하는 것이다. 이제 조치원제일장로교회는 뮤지컬 등 공연 장르에 초점을 맞추어 지역민들이 다른 인접 도시를 찾아가지 않더라도 공연을 관람할 수 있도록 노력 중이다. 2009년에는 조치원제일장로교회가 중심이 된 연기군 기독교연합회가 주최하고 연기군의 후원을 통해 문화예술회관에서 뮤지컬 공연을 개최함으로써 지역민들이 인접 대도시에 가지 않고도 지역 안에서 공연을 관람할 수 있는 기회를 제공하였다. 이러한 공연을 시작으로 점차 교회를 통해서 수준 높은 공연들이 개최되고 양질의 문화 콘텐츠들을 지역사회에 제공함으로 조치원을 너머 연기군 전체에도 교회의 문화적 영향력이 확산될 수 있을 것으로 기대하고 있다. 이것이 바로 조치원제일교회의 목표이다.

3) 사역의 구체적인 내용(프로그램의 구체적인 내용)

① 조치원제일 열린문화강좌

조치원제일장로교회에서 시행된 '조치원제일 열린문화강좌'는 '비전센터(Vision Center)'라는 문화선교사역공간을 통하여, 생활에 필요한 다양한 문화 및 취미, 스포츠 강좌를 통해서 지역주민들을 섬기는 사역이다. '조치원제일 열린문화강좌'는 비전센터 3층, 4층의 홀 등과 교회의 모든 방을 골고루 활용하여 악기·서예·발레 등의 20여 강좌가 개설되었다.

조치원읍이나 연기군청, YWCA에서 공통적으로 운영하고 있는 프로그램들은 주로 건강 및 취미강좌로 편성되어 있기 때문에 "조치원제일 열린문화강좌"의 경우 건강·취미 강좌를 기본으로 하되 다른 곳에서는 하고 있지 않은 프로그램을 추가하여 어학·학습(공부방, 영어교실, 어린이발레, 한국어교실, 수채화교실), 음악·악기(노래교실, 플롯, 오카리나, 국악교실), 건강·음식(웃음치료, 수지침교실, 댄스스포츠, 단전호흡, 웰빙차밍) 등의 수업을 운영하고 있다. 개설된 강좌는 다음과 같다.

1) 미술치료 2) 이혈요법 3) 스포츠댄스 4) 종이접기 5) 생활체육(단전호흡) 6) 공부방 7) 웃음치료 8) 수지침교실 9) 풍선아트 10) 꽃꽂이교실 11) 서예교실 12) 악기교실 13) 영어교실 14) 발레교실 15) 닥종이교실 16)

사군자 17) 수채화 18) 노래교실 19) 차밍댄스 20) 한국어강좌 21) 국악교실

조치원제일 열린문화강좌

② 카페 '예뜰(Ye-Ttel)' 사역

남녀노소 누구나 출입할 수 있고 저렴한 가격에 이용할 수 있는 카페 '예뜰(Ye-Ttel)'은 비전센터 2층의 전망이 좋은 창가에 약 55평(180m²) 규모로 조성되어 커피 및 음료 등을 마시며 독서와 대화를 나눌 수 있도록 도서와 음반이 비치되어 있다. 원래 카페의 이름은 히브리어의 돌을 의미하는 '에셀'이라 하였는데, 2기 사역에 들어오면서 좀 더 친근한 이름으로 바꾸기로 하고, 카페의 이름을 '예수님과 함께 하는 뜨락' '예수님의 뜰'이라는 의미에서 '예뜰'(Caffe Ye-Ttel = Garden of Jesus)이라고 하였다. '카페사역'은 코이노니아를 통한 교인상호 간의 친교 활성화, 다양한 문화선교와 연계(카페, 키즈랜드, 문화강좌 및 세미나), 지역사회를 향한 열린 문화공간 제공이라는 목표를 가지고 시작되었다.

좌석은 4인용 테이블 6개, 6인용 테이블 4개, 12인용(단체석) 테이

블 1개를 설치하고, 단체 룸 19인용-1개(대형테이블)를 마련하였다. 장비는 커피기계(에스프레소 2구), 반자동머신 1대(Sanremo)와 제빙기(55Kg 이태리 브레마), 정수기(워닉스 Short 타입), 빙삭기(팥빙수 & 쥬스용으로 얼음 갈 때 사용), 휘핑기(비엔나 & 모카에 사용) 등을 구입하였다. 개장시간(단 공휴일은 휴무)은 월-금요일 AM 10:00-PM 7:00, 토요일 AM 9:30-PM 9:00, 주일 AM 8:00-PM 5:00이다. 또한 카페에서는 제일 중요한 맛의 표준화를 위해 능숙한 팀원과 짝 지워 2인 1조로 한 팀을 만들어 호흡을 맞추었다

카페 '예뜰'과 안에서 볼 수 있는 책들

③ '키즈랜드' 사역

비전센터와 함께 기획된 교회 내 실내 유아놀이동산인 '키즈랜드'는 전문적인 아동용품 사업을 하는 교인의 기부를 통해 설치되어 최고의 시설을 갖추고 있다. '키즈랜드'는 '비전센터' 2층 카페 옆, 별도의 약 40평(130㎡) 규모의 공간에 볼 풀장, 정글놀이기구 등 다양한 놀이기구가 설치되어 있고, 7세 미만의 아동들을 위하여 개설되어 자원봉사자들에 의해 운영되고 있다. 키즈랜드 운영시간은 평일(월-토)은 AM

11:00-PM 4:00로 하고, 주일은 휴무이며 사용연령은 취학 전 아동까지(0세-7세)이다.

④ 공연사역

조치원제일장로교회는 2008년부터 문화선교연구원과 함께 공연예술의 불모지인 조치원에서 해마다 뮤지컬을 공연하고 있다. 2008년 '아름다운 초대'의 경우 전도축제와 더불어 공연을 열었고, 2009년에는 뮤지컬 "가연아 사랑해"를 연기군 기독교연합회와 연기군청이 함께 '조치원 주민을 위한 뮤지컬 공연'을 열었다. 조치원제일장로교회는 앞으로도 기회가 되는 데로 뮤지컬 공연을 열어 주민의 문화적 욕구를 해소하는데 노력하며 지역의 문화수준의 향상을 도와주며 또한 연기군의 기독교계가 연합하여 지역을 섬기는 일치를 위한 사역에도 힘쓸 예정이다.

조치원제일교회
충남 연기군 조치원읍 신흥리 71번지. 041-865-0761.
http://jjch.co.kr

4. 가나안교회

1) 전반적인 개요

경기도 성남시 분당구 구미동에 위치한 가나안교회(장경덕 목사, 예장통합)는 28년의 오랜 역사를 가지고 있지만, 주위 환경의 변화에 발

맞추어 계속해서 젊어지는 교회로 성장을 거듭해 왔다. 특히 1994년 장경덕 목사 부임 이후에는 문화사역과 사회복지를 두 축으로 하여 지역사회와 활발하게 소통하는 교회로 자리매김하였다. 가나안교회의 문화사역으로는 교회 내외의 각종 문화공연, 지역주민 대상으로 실시하는 가나안문화선교센터 강좌와 가나안심리상담센터 프로그램 등이 있다. 또한 아동과 청소년을 대상으로 한 사회복지사역의 일환으로서 사회복지법인을 설립하여 학업보조, 문화혜택 제공, 정서함양 등의 대사회적 섬김을 수행하고 있다.

2) 사역의 비전, 특징 및 방향

① 비전

가나안교회의 사역은 교회가 교회다워야 한다는 기본적인 명제에서 출발한다. 이에 따라 살아 있는 예배(케리그마), 변화되는 교육(디다케), 은사를 통한 봉사(디아코니아), 말씀 안의 교제(코이노니아), 전도와 선교(미션)라는 다섯 가지 목표를 중심으로 교회의 모든 사역이 움직이고 있다. 이 같은 다섯 항목을 교회론적인 차원에서 조금 더 유기적으로 표현하자면, 모여서 예배드리고 교육받는 에클레시아의 교회는 문화와 복지의 영역을 통해 봉사하고 교제하고 선교하는 디아스포라의 교회로 완성된다는 것이다.

이처럼 교회다운 교회의 완성을 위해서는 사회와의 접촉점이 다양해야 하고, 세상의 필요를 채우기 위한 다리역할을 하는 소통의 지점이 필요하다. 교회가 지금 이 시대의 문화와 컨텍스트를 잘 알아야 성서라는 텍스트에 적용하고, 이를 다시 우리의 상황에 맞게 컨텍스트화할 수 있다. 가나안교회의 문화선교사역은 이와 같은 신학적인 바탕에서 출발하여, 철저하게 교회의 본질을 지키는 동시에 그것을 이 시대의 컨텍스트 속에서 효과적으로 드러낸다는 선교적 목표를 지향하고 있다.

② 사역의 특징 및 방향

가나안교회의 문화선교사역은 두 가지 중요한 전제에 의해 특징과 방향이 규명될 수 있다. 첫째로 그리스도의 교회는 선교하는 교회라는 사실이다. 선교가 곧 교회의 존재목적이기 때문에 교회는 끊임없이 선교현장과 사람들에 대한 이해를 해야 한다. 따라서 지역사회 및 주민들과의 소통을 위한 여러 가지 실천적인 방안이 요구된다. 가나안교회에서는 그것의 일환으로서 지역주민들이 부담 없이 교회의 문턱을 넘을 수 있도록 다양한 문화강좌 및 심리상담 프로그램을 제공하며, 나아가 교회건물과 예배당 등을 지역주민들의 여러 활동을 위해 자유롭게 개방하고 있다.

두 번째로, 성도 각자에게 주어진 은사에 따른 다양한 사역을 통해 그리스도의 몸을 통일성 있게 세워 나가는 것이 그리스도의 교회라는 사실이다. 이에 따라 가나안교회에서는 성도들이 기존의 여전도회, 남선교회라는 조직 대신 은사를 중심으로 한 오케스트라, 몸찬양팀, 교도소전도팀, 경로대학준비팀 등의 사역팀을 주축으로 교회와 지역사회를 섬기는 일을 감당하고 있다. 수평적이고 편안한 구조에서 사역을 하기 때문에 각 구성원 간의 소통이 자유롭고, 사역 역시 자발적이고 역동성을 갖게 된다.

3) 사역의 구체적인 내용(프로그램의 구체적인 내용)

① 가나안문화선교센터 및 가나안심리상담센터

개원한 지 약 3년가량 된 가나안문화선교센터는 교회 본 건물 옆에 별도로 건축한 가나안홀 4층에 위치하고 있다. 가나안문화선교센터의 수업은 음악강좌, 성인강좌, 유아강좌('엄마랑 아기랑'), 아동강좌, 초등생강좌로 분류되는데, 각 카테고리별로 약 10-20개의 강좌가 개설되어 있다. 가나안문화선교센터는 지역주민들에게 저렴한 비용으로 수준 높은 문화강좌를 제공하며, 지역주민들이 자연스럽게 교회와 접촉할 수 있는 장을 마련한다. 현재 수강생 중 40%정도만 가나안교회 성도이며, 나머지 60%는 지역주민들과 타 교회 교인들로 이루어져 있다.

가나안심리상담센터는 문화선교센터와 같은 건물의 5층에 위치하

가나안심리상담센터

고 있으며, 지역주민을 대상으로 개인과 공동체가 겪고 있는 심리적 갈등과 상처를 극복하여 진정한 자아를 찾고 건강한 관계회복에 이르도록 돕는다. 이곳에서 실시하고 있는 프로그램은 치유묵상기도를 통해 진정한 자기이해와 이웃사랑의 길을 찾아가는 훈련인 '마음의 정원 가꾸기', 관계회복을 위해 사랑을 느끼고 표현하는 훈련인 '사랑의 언어교실', 출산예정자를 대상으로 하는 태교영성훈련 '반의반 쉼터 태교학교', 자신과 이웃을 이해하고 사랑하는 훈련과정인 '나를 찾아서-애니어그램' 등이다. 성별, 연령, 종교의 제한 없이 찾아올 수 있도록 프로그램이 구성되어 있어서, 꼭 교회를 다니지 않아도 부담 없이 상담센터를 이용하는 분위기가 지역사회에 형성되어 있다.

② 다양한 문화공연 및 교회시설의 개방적인 활용지역

4년 전에 리모델링한 가나안교회 예배당은 일반적인 예배당 구조와는 달리 부채꼴 형태로 설계되어 회중과 더 가까이 소통할 수 있는 형태로 되어 있다. 또한 예배 시와 공연 시에 무대의 크기를 각각 알맞게 조절할 수 있는 설비를 갖추었다. 가나안교회의 주일예배는 예전 중심의 오전예배와 자유로운 분위기의 저녁예배로 나누어지는데, 저녁예배 시에는 이와 같은 예배당의 구조를 최대한 활용하여 각종 문화공연을 포괄하는 역동적인 예배를 드린다. 가나안교회 교인들로 이루어진 중창단, 오케스트라, 남성 색소폰 연주단, 몸찬양팀 등이 활발하게 활동 중이다.

예배시간 외에도 가나안교회는 교회건물을 문화공연을 위한 장소로 지역사회에 제공한다. 교회행사가 아니더라도 지역의 학교, 학원, 선교단체 등의 여러 행사에 장소를 빌려 주는 것이다. 이로써 지역주민들

가나안 브런치 콘서트

이 자연스럽게 교회와 접촉할 수 있고, 교회에 대해 보다 긍정적인 시각을 갖게 된다. 지금은 잠시 쉬고 있으나, 2년여 전에는 문화적 혜택을 잘 누리지 못하는 지역의 어머니들을 대상으로 하는 '브런치콘서트'를 매달 열어서 큰 호응을 얻기도 하였다.

③ 사회복지법인 '생명나무복지재단'을 통한 복지사업

가나안교회는 2009년 2월부터 경기도청의 인가를 받은 사회복지법인 '생명나무복지재단'을 설립하여 분당·성남 일대의 저소득층 아동과 청소년들에게 학습, 정서, 문화의 세 가지 측면에서 복지사업을 실시하고 있다. 학습의 측면에서는 지역아동센터인 '야긴과 보아스'에서 방과 후 개인별 학습지도를 하거나 급식비, 학원비의 일부를 지원해 주는 등의 활동을 한다. 정서의 측면에서는 불우한 환경으로 인해 심리적인 문제를 겪고 있는 청소년들을 상담하고 미술치료 등을 실시하며, 상태가 심한 경우에는 전문상담소와 연계해 주는 등의 활동을 한다. 문화적인 측면에서는 아동, 청소년들과 함께 공연관람을 하거나 학용품, 생필품 등을 제공하는 활동을 한다.

이와 같은 복지재단의 활동을 통해서 경제적인 어려움으로 인해 문화적인 혜택에서 소외된 계층의 아동과 청소년들도 문화를 향유하고 질 좋은 교육을 받으며 그리스도 안에서 꿈을 키워 나가고 있다.

가나안교회
경기도 성남시 구미동 207번지(무지개마을). 031-717-7004.
http://www.canaan.or.kr

5. 문래동교회

1) 전반적인 개요

서울시 영등포구 문래동에 위치한 문래동교회(유영설 목사, 기독교대한감리회)는 흔히 대형교회의 전유물로 간주되는 문화선교사역을 역동적으로 수행하고 있는 모범적인 사례이다. 문래동교회가 본격적으로 문화선교에 뛰어들게 된 것은 지난 2002년 교회창립 50주년을 맞이하면서부터이다.

문래동교회는 흔히 교인들만의 자축행사로만 끝나는 창립기념행사를 지양하고 지역주민들과 함께 기뻐할 수 있는 지역문화축제 'Peace

21 Convention'을 기획하였다. 어린이백일장, 길거리농구대회, 어버이 사랑큰잔치, 헌혈, 무료개안수술, 장기기증서약 등 다양한 프로그램들을 통해 교회와 지역사회가 어우러져 소통할 수 있는 장을 열었고, 지금까지도 'Peace 21 어울림문화마당'이라는 이름으로 매년 시행되고 있다. 이 외에도 매주 주일 오후에 문래공원에서 열리는 '작은음악회', 그리고 지역주민들이 자유롭게 찾아올 수 있도록 만들어 놓은 '반딧불 어린이도서관' 등의 다양한 문화선교사역을 실시하고 있다.

2) 사역의 비전, 특징 및 방향

① 비전

문래동교회를 비롯하여 대부분의 한국교회가 겪고 있는 어려움의 원인은 대내적인 것과 대외적인 것으로 나눌 수 있다. 대내적으로는 교회가 복음대로 살아가지 못한다는 문제가 있고, 대외적으로는 기독교의 신뢰도와 영향력이 바닥까지 떨어졌다는 문제가 있다. 근본적으로 어장(기독교의 이미지)이 오염되어 있기 때문에 아무리 어선(전도의 기술)이 발전해도 더 많은 고기가 잡히지 않는 상황이라 할 수 있다. 또한 포스트모더니즘의 문화사조, 종교다원주의, 일과 놀이의 이중적 구조, 멀티미디어와 과학기술의 발달 등의 사회문화적인 환경은 점점 더 전통적인 의미의 신앙생활을 어렵게 만들고 있다. 이와 같이 변화된 상황 가운데서 기독교의 대사회적인 이미지, 즉 어장을 개선시키고 지역사회와 소통하며 신뢰도를 쌓는 전도/선교의 방법이 모색되어야 한다. 그 일환으로서 문래동교회는 문화에 복음을 담는 전도와 선교의 비전을 가지고 있다.

또한 문화를 통한 선교를 넘어서 문화를 변혁하는, 즉 문화에 대한 선교라는 측면도 문래동교회의 비전이다. 이것은 '나눔과 섬김'이라는 문래동교회의 모토 아래 세 가지 핵심적 실천에 있다.

첫 번째로 교회 공동체 내의 문화에 대한 개혁이다. 예수 그리스도의 제자된 삶이란 결국 다른 이들과 나누고 섬기는 일이기 때문에, 문화를 통해 그 섬김을 실천하는 일이 곧 교회 공동체의 체질을 개선하는 것과 일맥상통한다. 또한 기초질서와 생활예절 등 작은 부분도 소홀히 하지 않는 것 역시 교회 공동체의 문화개혁에서 중요한 측면이다.

두 번째로 지역사회의 문화에 대한 변혁이다. 지금 사회는 돈이 최고의 가치가 되어 사람들이 돈의 노예처럼 살아가고 있다. 교회에서 실시하는 문화사역은 돈과 관계없이 섬기고 베풀고 나누는 행위이다. 따라서 교회의 이와 같은 문화선교사역을 통해 지역사회 구성원들에게 진정한 삶의 의미와 보람이 돈에 있지 않다는 것을 보여 줄 수 있으며, 나아가 복음적인 삶이 무엇인지 대안으로 제시할 수 있다.

마지막으로 반기독교 문화에 대한 변혁이다. 실제로 안티 기독교 인터넷 사이트에 들어가 보면 악의적인 음해와 비방도 있지만, 그리스도인들의 부끄러운 모습을 지적한 뼈 있는 비판도 있다. 문화선교사역을 통해 비기독교인들과의 접촉점을 증가시키고 소통과 대화를 원활히 함으로써, 교회의 입장에서 개선해야 할 점들을 발견할 수 있다. 또한 반기독교 세력에 대해서는 교회가 교회답게 나눔과 섬김을 실천하며 살아가는 모습을 통해 기독교에 대한 왜곡된 이미지와 편견을 바로잡을 수 있다.

② 사역의 특징 및 방향

문래동교회 문화선교사역의 첫 번째 특징은 철저하게 지역사회와 샬롬의 평화를 이루어 가는 것에 목적을 두고 있다. 연간행사인 'Peace 21 어울림문화마당'(舊 'Peace 21 Convention'), 매 주일 오후에 문래공원에서 열리는 '작은음악회', 그리고 현재 영등포구 사립 문고 1호로 인정받은 '반딧불 어린이도서관'은 모두 지역주민들과 교회 사이에 놓인 담을 허물고 함께 호흡하는 데에 초점을 맞추고 있다.

두 번째 특징은 '찾아감'과 '찾아옴'의 균형 잡힌 사역이다. 어울림문화마당과 작은음악회가 교회가 지역사회 안으로 찾아가는 사역이라고 한다면, 반딧불 어린이도서관은 지역주민들이 교회로 찾아올 수 있게 하는 사역이다. 이 두 가지 사역의 병행을 통해 지역주민들이 교회를 부담스러워하지 않고 찾아오게 하는 발판을 마련하고 있다.

세 번째 특징은 문화선교사역이 일회적으로 끝나지 않고 정례화되어 지속적으로 시행된다는 측면이다. 따라서 문래동교회 성도라면 누구나 문화선교사역의 일원이 되어 지속적으로 기도하고 후원하고 참여할 수 있도록 방향이 설정되어 있다. 이것을 통해 교회 내부에서는 계속되는 사역을 위한 견고한 밑바탕이 형성되고, 교회 외부에서는 교회에서 실시하는 문화행사에 대한 신뢰도가 더욱 높아지게 된다.

3) 사역의 구체적인 내용(프로그램의 구체적인 내용)

① Peace 21 어울림문화마당(舊 Peace 21 Convention)

'Peace 21 어울림문화마당'은 지역사회와 소통하고 나눔과 섬김을 실천하는 교회의 본질을 구현하기 위한 행사이다. 교회를 위한 교인들만의 행사를 지양하고, 지역주민들이 세대별로 참여할 수 있도록 다양한 문화행사를 마련하는 것이 기본적인 방향이다. 교회들이 지역에 호감을 별로 주지 못하는 현실 속에서 교회에 대한 부정적 이미지를 긍정적으로 변화시키고, 호객행위에 가까운 기존의 전도방식이 아닌 문화를 통한 선교를 실천하는 것을 목적으로 하고 있다.

'Peace 21 어울림 문화마당'은 2002년 이후로 매해 실시되고 있으며, 대략 5월을 전후로 열리는 어버이사랑큰잔치, 어린이큰잔치, 청소년·청년문화축제, 연극·뮤지컬·음악회·퍼포먼스공연 등의 다양한 개별 프로그램들의 집합체라 할 수 있다. 이는 계층별로 적합한 다양한 문화 콘텐츠를 찾아내서 지역주민들에게 무료로 보급하는 데에 특징이 있다. 또한 이 행사들은 교회 예배당뿐만 아니라 문래공원, 노인종합복지관, 지역병원 등의 다양한 장소로 찾아가서 시행하기 때문에 지역주

지역주민초청잔치

민들에게 보다 더 쉽게 다가갈 수 있다는 장점이 있다. 2009년 'Peace 21 어울림문화마당'은 '작은음악회 8주년 감사 특별공연'(4/19), 지역 어르신들을 초청해서 축하공연 및 전통놀이마당을 펼치는 '어버이사랑큰잔치'(5/12), SBS 스타킹 버블맨의 명품 버블쇼와 함께하는 '어린이 큰잔치'(5/24) 등으로 이루어졌다.

② 작은음악회

문래동교회 실내악단 '아리엘'은 2002년 이후로 매년 4월 부활주일부터 11월 추수감사주일까지 매 주일 오후 4시부터 2시간 동안 문래공원에서 수준 높은 음악을 연주하며 공원을 찾는 주민들에게 커피, 음료수, 솜사탕, 뻥튀기 등을 무료로 제공하는 문화행사인 작은음악회를 실시하고 있다.

작은음악회를 시작하면서 문래동교회에서 내세웠던 세 가지 중요한 원칙은, 첫째로 '시작과 끝에 기도하지 말기', 둘째로 '찬송가를 연주하지 말기', 셋째로 '호객행위와 같은 전도를 하지 말기'였다. 그저 동요, 가곡 등만을 연주하여 공원에 나온 모든 주민들과 함께 정서적으로 공유할 수 있는 장을 만들고, 무한 경쟁 시대에 포근하고 편안한 쉼을 제공해 줄 수 있는 것을 목적으로 하였다. 교회가 지역주민들을 대상으로 이와 같은 일을 하는 것이 곧 복음이고 전도라는 취지에서 시작한 것이다.

약 7-8년이 지난 지금 작은음악회는 지역주민들의 호응이 높은 대표적인 행사로 자리매김하였으며, 사람들의 마음도 많이 열려서 초창기와는 달리 찬송가 연주도 상당히 많이 하고 있다. 특별히 매해 음력 설과 추석 때는 '우리옷곱게입기' 행사를 겸하여 전 교인이 한복을 차려 입고 작은음악회 시간에 공원에서 지역주민들과 민속놀이를 함께 한다. 또한 2009년 봄에는 작은음악회 8주년을 맞아서 특별공연을 열기도 했다.

③ 반딧불 어린이도서관

2004년 1월에 개관한 반딧불 어린이도서관은 약 20여 평 규모의 단독 건물에 위치해 있다. 반딧불 어린이도서관이라는 명칭은 문래동교회 성도들과 지역주민들을 대상으로 한 공모에 의해 선택된 이름이다.

반딧불 어린이도서관은 개관 당시 신간 3,500여 권을 일괄 구입하였고, 그 후에도 성도들이 매년 드리는 도서헌금으로 구입한 도서와 사회기관으로부터 기증받은 도서 등을 확충하여 현재는 약 8,500-9,000여 권의 장서를 보유하고 있으며, 총 600여 가정이 회원으로 활동 중이다.

Peace 21 어울림문화마당과 작은음악회가 '찾아가는 사역'이라면, 반딧불 어린이도서관은 '찾아오도록 하는 사역'이라 할 수 있다. 다시 말하면, 여전히 교회 문턱 넘기를 부담스러워하는 사람들이 자연스럽게 교회 안으로 들어와서 책을 보고, 문화교실 등을 통해 교회 구석구석을 실제로 보면서 교회의 문턱을 낮추는 데에 초점을 맞추고 있다.

반딧불 어린이도서관은 영등포구 사립 문고 1호로 지정되었으며, 2005년 11월에는 보건복지부 산하 사회복지 봉사활동 인증센터로 지정되어 청소년 및 대학생, 공무원 응시자들의 봉사활동 수혜처로도 활발하게 이용되고 있다. 또한 2006년 4월 인천전문대학 문헌정보과와 산학협동협약을 체결하여 학생들의 현장실습을 주도하기도 하였다. 반딧불 어린이도서관은 이와 같이 봉사활동을 실시한 청소년, 대학생들에게 기독교에 대한 부정적인 이미지를 없애고 긍정적인 이미지를 심어주는 데 큰 역할을 하고 있다. 또한 '품앗이육아교실', '동화를읽는어른모임', 흙피리 만들기나 도자기 체험과 같은 '문화체험' 등의 각종 문화교실을 실시하여 문래동교회 성도는 물론 지역주민들이 자유롭게 참여할 수 있는 장을 제공하고 있다.

반딧불 어린이도서관이 개관한 후 지자체에서 운영하는 다른 도서관들이 문래동 지역에 잇달아 개관하였다. 이에 따라 반딧불 도서관이 가지는 장점이 사라지고 이용하는 지역주민들이 감소하지 않겠냐는 우려가 있었으나, 현재까지도 여전히 많은 지역주민들이 반딧불 도서관을 꾸준히 이용하고 있다. 그 이유는 반딧불 도서관의 도서의 질이 결코 지자체 도서관 장서에 비해 떨어지지 않기 때문이다. 이는 전문 유급 사서를 운용하여 장서를 잘 유지 및 관리하고 있기 때문이다. 또한 다른

반딧불 어린이도서관

지자체 도서관들보다 더 친절하게 안내하고 따뜻하게 맞이해 줌으로써, 이용하는 주민들이 더 행복하게 이용할 수 있도록 배려하는 것도 지역 주민들에게 지속적인 호응을 얻고 있는 큰 이유이다.

문래동교회
서울특별시 영등포구 문래동 4가 16-1. 02-2633-2855.
http://www.mdchurch.or.kr

6. 쌍샘자연교회

1) 전반적인 개요

쌍샘자연교회는 2009년 6월 5일 기독교교회협의회에서 환경의 날을 맞이하여 올해의 녹색교회로 선정된 교회이다. 이 교회는 약 13년 전 충북 청주시 모충동의 한 주택을 임대하여 시작하였다. 도시 빈민 선교에 관심을 가지고 있었던 설립자 백영기 목사는 달동네 아이들의 방과 후 공부방을 운영하며 그의 비전을 실현하였다. 하지만 그곳에 재개발 계획이 발표되고 빈민들이 하나, 둘 떠나기 시작하자 교회의 비전을 계속 이어가기 위해 교회를 빈민들이 있는 곳으로 이전해야 할지 아니면 다른 방법을 찾아 봐야 할지 고민하였다. 그리고 고심 끝에 백영기 목사와 성도들은 교회를 도시가 아닌 농촌으로 이전하기로 결심하였다.

이러한 교회 이전의 배경에는 처음부터 지금과 같은 녹색교회의 비전이 자리 잡고 있었던 것은 아니었다. 이들이 추구하고자 한 온전한 말씀과 삶을 실현할 수 있는 신앙 가족공동체로서의 모습, 약간의 경제적인 이유, 무엇보다도 하나님의 뜻밖의 인도하심이 이런 과감한 결정을 하게 만든 것이었다. 결국 쌍샘자연교회는 지금의 자리인 충북 청원군 낭성면 호정리 2구 575번지에 터를 잡게 되었다.

이곳에 터를 잡으면서 쌍샘자연교회는 자연스럽게 자연에 대해 진지한 고민을 시작하였다. 결국 이 고민의 결과는 "쌍샘자연교회의 약속들"이라는 교회정신을 정리한 문서에 반영되게 되었다. 약속 3에는 장소의 의미에 대해 자세하게 나온다. 내용은 "교회의 터를 정하는 것은 자연에서 경건생활을 하고 주일에는 가족과 함께 효과적으로 휴식하며 환경운동에 관심을 갖고 참여하기 위한 것"이라고 명시하고 있다.

2) 사역의 비전, 특징 및 방향

① 사역의 비전

쌍샘자연교회는 처음부터 평범한 교회의 모습으로 시작한 것은 분명 아니다. 하지만 처음과 지금의 모습은 일맥상통하는 부분이 있다. 빈민선교를 목적으로 시작한 초기 청주의 교회는 소외된 한 사람을 살리고자 하는 사역이었다면, 지금은 이를 더욱 발전시켜 자연과 사람을 살리는 사역으로 나아가고 있다. 한 마디로 '모든 생명을 살리는 일'을 하려는 것이다. 이것을 구원의 사역이라고도 부를 수도 있다. 이러한 쌍샘자연교회의 범상치 않은 이력과 이에 동의하는 성도들이 있었기에 교회의 농촌으로의 이전과 지금과 같은 녹색교회의 칭호를 얻게 된 것임은 틀림없다.

그렇다고 처음부터 이들이 이런 결정을 쉽게 할 수 있었던 것은 아니었다. 교회를 옮기려고 계획하는 단계부터 백영기 목사는 성도들의 자발적인 결정을 돕기 위해 모든 정보와 생각을 나누고 성도들이 이 일에 주체적으로 참여하도록 격려하였다. 그래서 성도들은 각자 모델이 되는 교회들을 탐방하고 그 결과들을 보고하고 토론하는 시간을 여러 번 가졌다. 또한 이미 백영기 목사와 성도들은 빈민들을 도우며 함께 동역했던 시간을 통해 서로에 대한 큰 신뢰를 가지고 있었다. 이러한 신뢰를 바탕으로 실시한 실태조사와 대화는 막연한 두려움에서 성도들을 해방시켜 주었다. 이러한 과정은 자연스럽게 하나님의 인도하심을 확인하는 기간이 되었고 교회는 이를 확인하는 동시에 즉시 땅을 알아보고 건물을 짓기 시작하였던 것이다.

② 특징 및 방향

어떤 사람들은 쌍샘자연교회가 생태적인 부분만 중요시하는 특수한 목적 공동체가 아니냐하는 질문을 던질지 모른다. 하지만 외형상 쌍샘자연교회는 그야말로 전형적인 한국교회이다. 새벽예배, 수요예배, 주일예배, 교구, 주일학교, 정기적인 사경회 등 여느 교회가 하고 있는 교회로서의 활동을 소홀히 하거나 다른 교회보다 특별한 것을 하는 것은 전혀 없다. 만약 특이한 점이 있다면 이들 모임과 프로그램에는 하나님께서 주신 자연과 문화에 대한 배려와 이해가 깊이 녹아 있다는 점이다. 이러한 정신은 교회 프로그램들의 순서마다 녹아 있다. 주일설교와 주일학교 행사들의 틈 속에 요란스럽지 않게 나타나며, 이것이 교회를 멋스럽게 하는 것 같다. 스스로를 "생명, 영성, 문화의 삶을 일구는 교회"라고 부르는 쌍샘자연교회는 교회의 본연의 모습인 예배공동체로서의 모습과 또한 교회가 결코 문화에서 떨어질 수 없는 문화공동체라는 점을 바르게 이해하고자 하는 균형 잡힌 교회를 추구하고 있다.

또 다른 사람들은 쌍샘자연교회를 두고 전원교회가 아니냐고 질문할지도 모른다. 쌍샘자연교회는 처음부터 전원교회의 모델을 거부하고 도시에 살던 성도들이 교회가 있는 곳으로 이주하기로 결정하였다. 이들은 단순히 전원을 즐기기 위해 교회를 이전한 것이 아니었다. 전원을 이들의 신앙 공동체를 실현할 삶의 터전으로 생각한 것이다. 이러한 자연 친화적인 사고방식은 자연스럽게 환경에 대한 관심을 갖게 함으로써 성도의 시야를 넓혀 가게 하였고 지금과 같은 녹색교회로 성장하게 만들었다.

지금은 약 열 가정이 이곳 교회 주변에 땅을 사서 집을 짓고 이사하였다. 교회의 총 인원이 약 50명이 좀 넘는다는 것을 감안할 때 열 가정은 50%가 넘는 숫자이다. 그 결과 쌍샘자연교회는 이 마을의 중심에 서게 되었다. 교회가 이사하고 성도들이 이사하기 전 이 마을은 여느 농촌들과 같이 젊은이들이 떠나고 남아 있는 사람들이라곤 몇 집안 되는 할아버지 할머니들 외에는 없었다. 어린아이의 소리라곤 들을 수 없는 곳이었다. 마을은 서서히 죽어가고 있었다. 그러나 교회가 들어오고 성도들이 이사하자 마을은 회복되기 시작하였다. 그렇다고 교회나 성도들이 이 마을의 주인 행세를 한 것은 아니다. 마을 회의에 참석하고 어르신들을 돕고 섬기는 일에 최선을 다하였다. 처음에는 마을 분들이 의심하기도 했지만 이제는 이들을 마을 사람으로 인정하고 좋아한다고 한다. 결국 교회가 마을을 살리고, 지역에서 중요한 역할을 감당하게 되었다.

3) 사역의 구체적인 내용

쌍샘자연교회는 교회를 옮긴 후 교회의 사역 방향성을 다시 만들고 프로그램을 새롭게 계발하기 시작하였다. 이는 쌍샘자연교회만의 독창적인 것이라 할 수는 없다. 오랜 준비기간 중에 백영기 목사와 성도들의 모델 탐방과 연구들의 성과이다. 쌍샘자연교회는 공동체로서 다음 세 가지 지향점을 가지고 사역을 하고 있다.

- 말씀과 영성, 평화를 지향하는 예수 그리스도의 신앙 공동체.
- 생명과 생태적 삶을 신앙으로 이해하고 자연교육을 추구하는 살림 공동체.
- 건강한 놀이와 더불어 살아가는 가치를 살려 나가는 문화 공동체.

이러한 지향점을 가지고 쌍샘자연교회는 사역을 위한 구체적인 기구를 만들어 운영함으로 그 이상을 실현하고 있다. 그것이 '쌍샘선교공동체', '자연학교', '문화의집'이다. 이들의 구체적인 사역은 다음과 같다.

① 쌍샘선교공동체

선교와 섬김과 교육의 사명을 감당하는 부서로 자연교회로서의 특색을 가지며 시대를 이끌어 가는 교회로 성장시키는 것이 목적이다. 사역으로는 성서교실, 제자훈련교실, 예수영성훈련이 있다. 성서교실은 주간성서교실, 수요성서교실, 집중성서교실을 운영하며 말씀을 가르친다. 제자훈련교실은 그룹, 개인, 집단 등으로 나누어 모든 교우들이 참석하여 훈련을 받게 한다. 예수영성훈련은 현대인의 상한 심령을 치유하는 영성수련과 회복을 수련하는 것이다.

② **자연학교**

쌍샘자연교회가 처음부터 운영하던 공부방을 교회의 이전과 함께 자연학교로 명칭과 내용을 바꾸었다. 자연학교는 복음과 신앙의 삶을 이웃과 더불어 살아가는 삶, 자연과 조화를 이루는 삶이라고 고백하는 공동체를 지향한다. 이를 통해 자연학교는 이웃과 아이들에게 신앙과 자연의 세계를 함께 나누는 것을 학교의 목표로 정하고 있다. 자연학교의 정신은 "자연을 이해하고 질서와 섭리를 따른다. 흙과 물과 나무를 사랑하며 아름다운 세상을 만든다. 환경을 오염시키는 일을 반대하며 푸른 생명을 가꾼다. 자연사랑은 하나님의 거룩한 뜻이며 교회의 소중한 사명임을 믿고 실천한다."이다. 학교는 계절학기, 주말학교, 절기학

자연놀이학교

교로 운영한다. 그리고 생명교실, 가족농사교실, 생활문화장터, 목공교실, 흙만지는교실 등이 운영되며 그 외에 나무심기, 들꽃기르기, 자연탐사 등의 체험학습이 있다.

③ 문화의집

쌍샘자연교회는 우리 삶의 자리가 문화의 장이기에 사람들은 문화 속에서 살고 문화를 만들어 내고 있다고 믿는다. 그러므로 건전한 문화를 창조하기 위해 '문화의집'을 열었다. 그 정신은 다음과 같다.

"쌍샘 문화의집은 하나님, 사람, 자연사랑의 정신으로 세운다. 문화의집은 건강하고 건전한 문화를 세우는 데 앞장선다. 문화의 영역을 남녀노소 모두가 함께 하고 공유할 수 있게 한다. 사람이 중시되고 건강한 사람을 만드는 데 그 뜻이 있다. 신앙과 삶이 나뉘지 않고 같아지도록 하는 데 그 목적이 있다."

이와 같이 문화의집은 이러한 철학을 바탕으로 도서문화의집, 놀이문화의집, 영상문화의집 사역을 펼치고 있다. 도서문화의집은 작은 도서관으로 '생태, 자연도서관'을 독서 문화의 장으로 운영한다. 도서관은 생태, 자연, 환경 등의 도서관으로 꾸미고 있으며, 이를 위해 자료와 정보를 수집하고 있다. 놀이문화의집(놀이문화연구소)은 다양한 놀이를 통하여 서로 어울리고 더불어 살아가는 세상을 만드는 데 목적이 있다. 놀이는 전통 민속놀이로부터 현대의 놀이 프로그램까지 다양한 놀이를 찾아내고 만들기도 하며, 놀이박물관까지 그 비전을 넓히려고 한다. 이는 건강한 놀이가 삶의 여러 스트레스를 풀어 주고 참다운 쉼과 창의력, 협동심을 길러 주기 때문이다. 영상문화의집은 영상 시대에 영화, 음악감상, TV 모니터 모임, 노래교실 등 다양한 모임을 운영한다.

카페 '사랑방' 내부

쌍샘자연교회
충북 청원군 낭성면 호정리 2구 575번지. 041-225-8004.
http://cafe.daum.net/ssangsaem

7. 국수교회

1) 전반적인 개요

서울에서 얼마 떨어지지 않은 양평 국수리에 자리한 국수교회(김일현 목사, 대한예수교장로회 통합)는 농촌교회로서는 매우 이례적으로 문화공연이 끊이지 않는 곳이다. 서울의 예술의전당에서나 들을 수 있는 고급스런 클래식 공연부터 시작해서 다양한 예술의 향연이 자연스럽게 이루어지고 있는 국수교회는 풍요로운 문화예술이 도시만의 전유물이 아님을 몸소 증명해 보이며, 문화적으로 소외된 지방, 농촌지역의 희망적 모델로 이미 알려져 있다.

원형의 예배당에서 한 달에 몇 번씩 열리는 '정기공연'과 '양평썸머뮤직페스티벌', '음악교실' 등을 통해 지역주민과 실제적인 '문화나눔'을 이루어 가며, 국수리의 건강한 지역문화를 만들어 가는 구심점이 되고 있다. 국수교회는 또한 교인들로 구성된 '한소리오케스트라', '한사랑몸찬양단', '한울림찬양단' 등의 다양한 음악적 활동을 통해 아름다운 선율이 늘 울리는 역동적인 예배를 드리고 있으며, 어린이에서부터 장년, 어르신에 이르기까지 모든 교인이 함께 어우러지는 한국적 예배문화를 만들어 가고 있다.

2) 사역의 비전, 특징 및 방향

① 비전

가. 교회다움을 지켜 가는 문화적 교회

지금 우리 시대가 '문화선교'를 중요하게 생각하고 다양한 접근과 시도를 시행하고 있기는 하지만, 국수교회는 사실 '문화선교'라는 영역 자체가 외려 존재하지 않는다고 할 수 있다. 본래 교회의 본질을 고민하면서, 그 '존재방식'을 새롭게 하고자 하는 소통의 노력이 결국 '문화적인 교회', '문화적인 성도', '문화적인 지역'으로 열매 맺고 있는 것을 발견하기 때문이다. 이는 문화 시대를 살아가는 우리 삶에 있어서 '문화'를 바라보고 이해하는 중요한 통찰이 된다. 이러한 측면에서 국수교회는 '문화'를 교회의 모든 영역의 기반 위에 두면서, '교회다움'을 끊임없이 고민하고 찾아가는 교회를 지향한다.

농촌교회라고 해서 문화생활이 필요하지 않은 것은 아니다. 문화란 곧 '삶' 자체이고, '소통'이며, 일상을 더욱 아름답고 여유 있게 살아가기 위한 삶의 가치라 정의하기 때문이다. 문화는 예배, 교육, 선교 등으로 영역을 나누고 교회의 사역을 분배하듯 따로 두어야 하는 영역이 아니라, 오히려 각각의 영역을 모두 문화적 시각으로 바라보는 것이 필요하다. 즉, 예배부터 시작해서 기존의 패러다임에서 벗어나는 문화적 시도가 필요하다. 또한 문화선교는 프로그램이 아니기 때문에 수준 높은 공연을 올린다고 해서 그것만으로 문화선교를 한다고는 볼 수 없다.

나. 지역사회를 섬기는 교회

국수교회는 교회다워지기 위하여 한결같이 '지역사회를 섬기는 곳'으로서의 교회를 지향한다. 교회는 누구나 들어올 수 있는 자연스러운 공간으로서, 교회가 존재하는 그 지역사회를 섬기는 곳이어야 한다. 이러한 비전 때문에 교회당을 다시 건축하자는 움직임이 있었을 때, 주일 하루를 위한 공간이 아닌, 지역사회와 함께 문화를 나눌 수 있는 공간으로 짓게 되었고, 문화공연을 접할 기회가 많지 않은 농촌의 지역주민들과 다양한 문화생활을 나눌 수 있는 원형의 문화공간이 되었다.

다. 가족 중심의 교회

국수교회는 가족과 함께 떨어져 예배를 드려야 하는 기존 교회의 구조가 변화되어야 한다고 생각한다. 빠르게 변화되는 시대 속에 가족과 가정의 가치는 오히려 중요하게 부각되고 있다. 국수교회는 집처럼, 아니 집보다 더 아늑하게 놀다 갈 수 있고 행복하게 머물고 싶은 공간으로서의 교회를 지향한다. 교회이기 때문에 어떠한 세대, 어떠한 의견, 어떠한 세계가 모두 융화되기를 바라며, 주일뿐만 아니라, 평일에도 편안하게 사람들과 만나고, 소통하고, 삶을 나눌 수 있는 교회가 되고자 노력한다. 덕분에 국수교회에서는 온 가족이 함께 주일예배를 드리고 있으며, 사람들을 억지로 끌어 모으려는 '모여라' 식의 집회는 찾아 볼 수가 없다.

라. 사람의 숫자나 돈에 의지하지 않는 작은 교회
우리 시대에 교회가 가장 경계해야 할 것 중에 하나가 바로 물량주의가 아닐까. 사람의 숫자와 돈에 의해 교회의 성장과 성숙이 좌우되는 것은 매우 위험하면서도 슬픈 일이다. 국수교회는 계속해서 교인이 증가하고 성장해 가고 있지만, 교인을 등록시키고자 안간힘을 쓰지 않는다. '더 작은 교회'를 지향하고 있기 때문이다. 무기력하게 죽은 교회가 아닌, 작아도 살아서 꿈틀거리고 움직이며, 행복한 꿈을 담대하게 꾸는 교회로서 존재하기를 잊지 않는다. 소위, 성공하는 목회가 아닌, 목회다운 목회를 하고자 하는 작은 교회, 그것이 국수교회의 중요한 비전이다.

② **사역의 특징 및 방향**
가. 교회의 철학을 담은 공간
국수교회는 지난 2005년에 둥근 원형의 아름다운 예배당을 완공하였다. 공간은 사람을 만들고, 지배하기도 하며, 그 공간을 채우는 콘텐츠를 바꾸기도 하고, 그 공간의 문화를 새롭게 형성하기도 한다. 이 공간의 힘을 안다면, 어떠한 공간을 만들 것인가가 매우 중요한 화두가 된다. 그런 의미에서 이 둥근 예배당의 공간은 국수교회의 가장 중요한 철학이 모두 구현된 곳이라 할 수 있다. 먼저 교회 내적으로는 권위적이지 않은 '수평의 문화'를 형성하기 위한 공간의 의미를 지닌다. 네모난 직선의 공간에서 이루어지는 권위적이고 위계적인 질서를 타파하고, 평화롭게 어우러져 화합하는 교회를 위함이다. 이러한 정신은 교회 곳곳의 공간에까지 물들어 있어 세미나실, 회의실, 다목적실 등 어느 한 부서가 공간을 장악하지 않도록 용도별로 공간을 배치하였을 뿐만 아니라, 휠체어가 다닐 수 있도록 턱을 없애고, 장애인 전용 화장실과 엘리베이터를 설치하였다. 장애인이 지금 있어서가 아니라, 누구나 장애인이 될 수 있을 거라는 생각에서였다.

교회 외적으로는 교인들만을 위한 공간이 아닌, '지역주민들과 함께 호흡하는 공간'으로서의 의미를 내포한다. 이것이 문화적 공연이 가능하도록 음향시설을 갖춘 콘서트홀 같은 공간을 탄생시킨 이유이다. 좋은 공연을 직접 관람하는 것과는 멀었던 농촌 지역민들에게 교회가 이러한 공간과 문화적 콘텐츠를 제공하는 것은 그 지역에 부재했지만, 가장 귀중한 필요를 채우는 일이 되었다. 원형의 예배당은 기존에 비해 2배의 공사비용이 든다. 그러나 어차피 교회를 재건축할 것이라면, 교인들뿐만 아니라 지역주민들과도 소통할 수 있는 공간으로 구성하여 교회의 철학을 담아내는 것이 필요하다.

나. 모두가 참여하는 한국적 예배
한국적인 교회를 이루는 데에 관심이 많았던 국수교회는 미국을 일방적으로 모방하여 드리는 예배가 아닌, 한국적 신학의 바탕 위에서 가장 한국적인 예배를 드리는 교회로서의 정체성을 절감했다. 처음에는 원형의 예배당에서 모두의 얼굴을 마주하며 드리는 예배가 매우 불편했지만, 공간에 적응하고 나니 이제는 목회자와 교인들이 하나가 되어 서로의 얼굴과 눈빛을 바라보며 역동적으로 함께 참여하는 축제의 예배가 되었다. 목회자나 인도자가 일방적으로 인도하고 성도들은 뒤통수만을 바라보며 수동적으로 따라가면 되는 예배에서 과감히 벗어나, 모두가 함께 주체적으로 참여하고 즐거워하는, 한 편의 드라마 같은 예배는 이제 국수교회에서 큰 자랑거리가 되었다.

또한 가족들이 뿔뿔이 흩어지지 않고 함께 드리는 예배, 믿지 않는 사람들도 쉽게 들어와 함께 드릴 수 있는 예배를 위해 국수교회는 교회학교를 과감히 없애고, 주일예배를 하나로 통일했다. 이로써 어린이와 어른, 모두가 하나 되어 어린이 찬양부터 복음성가, 어른 찬송가, 영어찬양(발음 나는 대로 한글로 적어 주어 어르신들도 같이 따라한다)까지 한데 울려 퍼지는 예배를 드릴 수 있다. 이는 익숙한 것만 고집하고 모르는 노래는 잘 부르지 않는 경직됨을 떠나, 새로운 악기도, 새로운 장르도 잘 받아들일 수 있는 유연함과 다음 세대를 위한 교회라는 공통된 의식이 있기에 가능한 일이다.

다. 지역사회 연합을 꿈꾸는 교회

국수교회는 지역사회와 공간을 공유할 뿐만 아니라, 삶의 내용을 함께 채워가기 위한 섬김에도 애쓰고 있다. 이미 82년도부터 시작한 국수유치원, 88년에 시작하여 공부의 꿈을 키워 준 청소년공부방과 플루트, 바이올린, 클라리넷 등을 가르쳐 찬양 사역자를 키워 내기 위한 일들도 함께 하고 있다. 또한 국수리를 넘어서 양평군 전체를 바라보며, 양평군교회연합회를 위한 노력도 아끼지 않았다. 같은 양평에 있으면서도 어떤 교단의 어떤 교회가 있는지 전혀 알지 못한 채 단절되어 있다는 현실을 개선시키기 위해서였다. 연합을 말하는 교회가 교회끼리도 연합하지 못한다면 부끄러운 일이기 때문에 국수교회는 양평군 전체의 교회에 관심을 가지며 이들 간의 교류와 소통, 연합을 위해 노력하고 있다.

3) 사역의 구체적인 내용(프로그램의 구체적인 내용)

① 양평썸머뮤직페스티벌

매년 여름, 명지대 교회음악아카데미와 협력하여 열고 있는 '양평썸머뮤직페스티벌'은 국수교회의 가장 큰 행사이다. 한여름의 뜨거운 열정처럼 며칠 동안 열리는 이 페스티벌은 지역주민들과 서울에서부터 발걸음 한 손님들까지, 발 디딜 틈이 없을 정도로 인기가 높다. 4회째를 맞이했던 지난 2009년에는 정열의 오페라 "카르멘"이 공연되었고, "생상의 동물의 사육제" "라벨의 볼레로" 등 고급스런 클래식 공연이 열렸다. 매일 저녁 열리는 다양한 장르의 공연은 지역주민들이 좋은 음악을 무료로 접할 수 있는 소중한 기회가 된다.

또한 페스티벌 기간 중 낮에는 명지대 학생들이 음악 캠프를 열어, 배우기를 희망하는 이들에게 피아노, 바이올린, 첼로, 클라리넷, 드럼 등의 악기를 레슨하기 때문에 명지대 학생들에게도, 배우는 지역 어린이들에게도 매우 좋은 경험이 될 수 있다. 국수교회 교인들은 이러한 공연이 있을 때마다 지역주민들을 섬기는 충실한 안내원이 되어 공연 시 자리가 모자라다 싶으면 얼른 손님들에게 자리를 내어 주고 밖에서 모니터로 공연을 보기도 한다는데, 이는 아주 자연스러운 현상이다.

양평썸머뮤직페스티벌

② 정기공연

서울에서도 보러오는 국수교회 정기공연의 수준은 이미 잘 알려져 있다. 이 공연을 즐겨 보는 250여 명의 회원들에게 공연소식이 전해지고 지역민들에게도 이 공연은 열려 있다. 오페라, 뮤지컬 등 최고급 연주자들이 찾는 국수교회의 정기공연은 어렵고 비싼 문화공연의 벽을 허물면서 교회와 세상의 경계를 또한 무너뜨리고 있다.

③ 음악교실

국수교회의 다양한 음악교실은 누구에게나 열려 있다. 플루트, 바이올린, 클라리넷 등 다양한 악기를 부담 없이 배울 수 있는 곳으로서 교인뿐만 아니라 지역주민들이 교회와 친해질 수 있는 중요한 기회이다. 이러한 음악교실을 통해 찬양사역자가 많이 길러지기를 바라는 마음으로 지원하고 있다.

④ 한소리오케스트라

한소리오케스트라는 국수교회에서 여는 음악교실을 통해 악기를 배우는 과정을 경험한 지역의 어린이, 청소년들이 함께 모여 이룬 앙상블로서, 교회와 지역사회를 연결한 대표적인 국수교회의 사역팀이다. 아마추어들이지만 수준은 매우 높아 예배의 모든 연주를 담당하며, 실력 있는 정기연주회를 갖고 있다.

⑤ 한사랑몸찬양단과 한울림찬양단

국수교회 교인들로 이루어진 워십팀이다. 10년째 몸으로 찬양하는 일을 섬기고 있으며 국수교회의 예배를 더욱 풍성히 하고 있다. 예배 때마다 전곡을 모두 외워서 찬양하는 한울림찬양단 역시, 국수교회 교인들로 구성되어 있으며, 이 모든 사역팀들은 다양하고 역동적인 예배를 만들어 가는 중요한 요소가 된다.

⑥ 국수유치원과 청소년공부방

국수유치원은 1982년에 처음 시작하여 지역사회와 소통하는 첫 단추를 여는 사역이 된 이후 지금까지 이어지고 있다. 1988년에 처음 시작한 청소년공부방에서는 다양한 과목을 가르치고 있고, 이곳에서 공부하기 시작해 유학을 가게 된 청소년들이 있을 정도로 학구열이 높다.

국수교회 청소년공부방

⑦ 비전영어캠프

비전영어캠프는 국수교회에서 양평지역 중고등학생 누구나 참여할 수 있는 9박 10일짜리 프로그램이다. 미국 캘리포니아 산호세 지역 3개 교회가 협력하여 지원하는 이 캠프는 국수교회에서 숙식을 제공하고, 영어를 쉽고도 즐겁게 배울 수 있는 프로그램을 열어 지역 청소년들의 인기를 한 몸에 받고 있다.

⑧ 양평기독교회 100년사

양평군의 교회연합을 꿈꾸던 국수교회는 최근 조를 나누어 양평군에 있는 모든 교회를 리서치하고 탐방한 후 내용을 서로 나누는 프로그램으로 청년부 수련회를 진행한 적이 있다. 이제 청년들에게 무엇, 무엇을 하자고 구호를 외치는 시대는 지났다고 생각하기 때문이다. 구호를 외치는 것보다는 그렇게 살아가는 것이 중요하기에 그러기 위해서는 내가 지금 살고 있는 이 고장을 잘 알아야 한다고 설득하면서 진행한 수련회다. 그렇게 조금씩 관심을 가지던 양평군 교회연합사역은 어느 누구도 관심을 가지지 않았던 '양평기독교회 100년사'를 정리하여 편찬하기까지에 이른다. 덕분에 이 책을 쓰게 된 목회자는 양평 향토사학가, 교회사 편찬 관련 전문가가 되기도 했다.

국수교회
경기도 양평군 국수리 273번지. 031-774-9197.
cafe.daum.net/gugsu

부록
문화선교 리포트

1. 삼청교회

··· '담'을 허물고 '쉼'을 짓다

쌓인 낙엽 위로 눈이 살포시 덮은 거리를 걷는다. 코끝이 싸해지는 차가운 기운은 영혼을 감싸고, 시린 몸을 잔뜩 움츠리면서도 따뜻한 자동차 타고 지나치기에는 놓치고 싶지 않은 것들이 너무 많아, 자꾸만 걷고 싶어지는 거리. 길가에 자리한 아기자기한 소품가게와 문화적 향기로 그득한 갤러리, 진한 커피와 책이 어우러지는 북카페가 줄지어 있는 곳, 삼청동이다. 그저 거리를 걸으며 둘러보기만 해도 뭔가 여유로워지는 매력을 전해 준다. 삼청동길을 들어서 얼마 지나지 않아 왼편에 작지만 아늑한 나무 톤의 북카페 하나가 눈에 띈다. 얼른 들어가 몸을 녹일 커피 한 잔과 책을 집어 들고 싶어진다. 그런데 가만 보니 그 북카

---

76) 부록으로 첨부한 문화선교리포트는 문화선교연구원이 발간하는 문화매거진《오늘》의 '문화선교리포트' 꼭지 중, 주목할 만한 문화선교사역을 감당하는 교회들을 소개한 내용을 옮겨 실었다. 그 출처를 밝히면 삼청교회(2008년 11-12월호), 강북제일교회(2010년 3-4월호), 장유대성교회(2010년 1-2월호), 포항기쁨의교회(2009년 11-12월호)이다. 여기에 소개된 교회 외에도 다양한 문화선교의 현장들이 문화매거진《오늘》에 소개되고 있다.

페가 자리한 담벼락의 주인공은 다름 아닌 교회가 아닌가. 이 북카페와 교회의 관계는 무엇일까.

100살 된 교회가 품은 것, 청년과 문화

언젠가부터 삼청동이 '문화의 거리'로 사랑을 받기 시작했다. 커다란 카메라를 매고 출사를 나오는 이들로부터 나들이 하는 가족들, 데이트 하는 연인들의 발걸음이 눈에 띄게 많아진 것. 교회에서 전도를 해도 어려운 이 형국에, 사람들이 오히려 몰려오는 이 길에서 삼청교회(기독교대한감리회)는 이들을 맞을 준비를 하였다. 문희수 담임목사가 교회에 부임하자마자 한 일은 교회의 담을 허무는 일이었다. 교회와 길의 경계를 분명히 했던 담을 없애고 바로 그 자리에 누구나 앉아 쉴 수 있도록 파라솔과 벤치를 놓아 '쉼터'를 만든 것. 그리고 담을 허물면서 길가 방향으로 현재 카페 '엔'을 만들 자리를 공사했다. 그 누가 봐도 교회가 운영한다고는 생각할 수 없는, 삼청동길의 여느 카페나 다름없는 곳으로 단장한 것.

"선교가 힘들다고 해서 포기할 수 있는 것은 아니잖아요. 삼청동에 자리한 우리 교회가 지금 이때에 해야 할 일이 있다고 생각해요." 우병남 목사(문화청년담당)는 교회가 세상을 향한 소통의 자세를 가다듬으며 이 시대에 걸맞은 새 옷을 갈아입는 것이 중요하다고 말한다. 더구나 삼청교회는 내년이면 100주년을 맞이한다고 하니, 전통과 역사를 자랑하는 교회가 이토록 변화하는 데에는 만만치 않은 진통이 따랐을 거라는 예상이 당연하다. "쉽지 않았죠. 하지만 담임목사님께서 청년과 문화라는 두 가지 핵심사역에 집중해야 한다는 의지가 크셨어요. 자신의 사택 2층을 청년을 위한 공간으로 내어 주기까지 하셨으니까요." 시간이 흐르면서 하나씩 그 열매들이 보이기 시작하니 자연스레 교회는 한마음이 되어 갔다.

카페가 어린이도서관을 낳다

요즘 들어 '카페'는 교회 문화선교의 일환으로 각광을 받고 있어 카페가 있는 교회를 쉽게 만날 수 있다. 하지만 대부분의 교회가 교회 안의 교인들을 대상으로 성도의 교제와 친교의 목적으로만 카페를 만들고 있으며 영업허가 없이 세금도 내지 않은 채 운영하고 있는 것이 현실. 그러나 삼청교회의 카페 '엔'은 처음부터 어렵지만 제대로 된 길을 택했다. 카페공간을 위해 용도를 변경하고 공사하며 정식허가를 받았다. 커피 또한 최고급 수준인 독일 달마이어 원두를 사용하고 자원봉사가 아닌 바리스타 전문가가 직접 커피를 내리지만 가격은 시중보다 저렴하다. 다양한 맛의 샌드위치 또한 신선한 재료로 모두 직접 만든다고. 여름에는 팥빙수를 내놓기도 했는데, 시중에 나와 있는 모든 팥을 놓고 여러 명이 맛을 보며 투표를 해서 가장 맛있는 팥을 골라 뽑았다. 뽑아 놓고 보니 호텔에 들어가는 가장 비싼 팥이었지만 그대로 그걸 사용했단다. 덕분에 여름 내내 팥빙수가 맛있는 카페로 소문이 나기도 했다고.

인테리어 또한 까다롭게 신경을 써서 직접 목수들이 제작한 가구로 꾸며 고급스러운 분위기를 연출한다. 프로젝트와 스크린을 통해 오페라나 음악회 등의 영상과 음악을 함께 즐길 수도 있어 아늑한 공연장으로 탈바꿈하기도 한다. 게다가 한쪽 벽면을 가득 장식하고 있는 책은 이미 그 존재만으로도 카페 '엔'의 가치를 드높여 준다. 그리 크지 않아 보이는 책장인데도 무려 1200권의 책을 보유하고 있으며, 특별히 젊은이들의 요즘 취향을 깊이 고려하여 영성, 여행, 자기계발 등의 분야의 책들이 유난히도 많이 꽂혀 있다. 그에 반해 기독교 관련 책은 1% 정도에 그치는데 이는 카페가 교회적 색깔을 도리어 드러내지 않게 하기 위함이라고.

무엇보다도 이 카페 '엔'의 자랑은 카페의 수익으로 어린이도서관 '꿈과 쉼'을 낳았다는 것이다. 카페 수익이 늘어나자 이를 어린이도서관을 만드는 데에 사용키로 한 것. 지금도 카페의 수익은 카페의 운영 외에 모두 어린이도서관의 운영을 위하여 사용된다. 문화의 거리, 젊은이들을 끌어안고자 시작했던 카페가 어린이들과 가족을 위한 문화공간까지 꿈꿀 수 있는 계기로 이어진 것이다. 문을 연 지 만 3년, 삼청동 어느 카페에도 뒤지지 않는 수준의 카페다운 카페로 알차진 '엔'은 '샘물'이라는 뜻의 이름처럼 이제는 누구나 쉬어갈 수 있는 문화적 안식처가 되고 있다.

북카페 '엔'

책 읽는 어린이가 아름답다

세대교체를 꿈꾸며 청년사역에 힘을 쏟고 있는 삼청교회는 어린이 또한 더 많은 관심과 투자를 해야 할 대상이라 여긴다. 어린이들의 뛰

노는 소리가 들리지 않는 교회야말로 무슨 희망이 있을까. 교회학교 어린이의 숫자가 점점 줄어들고 있는 요즘, 어린이들이 교회에 신나고 재미있게 드나들 수 있게 하기 위한 전환적 모색이 절실할 때임은 분명하다.

"책 읽는 어린이가 아름답다"를 모토로 지난 2006년 3월, 처음 문을 연 어린이도서관 '꿈과 쉼'은 삼청교회 교육관 건물에 자리한다. 1500권의 책에서 시작한 도서관은 현재 6500여 권의 책으로 가득 차 있고, 질적인 수준 또한 어느 관공도서관에 뒤지지 않기 때문에 지역의 어린이들뿐만 아니라 근처 직장인, 삼청동 나들이를 나왔다가 회원이 되는 타지역인들도 많아졌다. "이곳에 와서는 좋은 책을 따로 고르지 않아도 되요. 꽂혀 있는 책이 모두 좋은 책이기 때문이죠. 그래서 회원들이 올수록 더욱 신뢰를 갖는 것 같아요." 어린이도서관장인 강성혜 교육사는 "물론 첫 해는 삼청교회 교인 중심으로 이루어졌어요. 그런데 점차 시간이 지날수록 우리 교인이 아닌 외부 기독교인, 일반인들의 이용 또한 많아지더라고요. 이곳에 와서 책을 읽는 이들도 많지만 대출반납 이용회원들이 많은 편이죠."라고 말했다.

연회비는 1년에 만 원이며 현재 300여 명의 회원이 있다. 회원 중에서 비기독교인의 비율은 3분의 1정도. 나머지 모두 삼청교인들은 아니고 그중 3분의 2는 타교인이다. "요새 아이들이 친구들에게 그냥 교회 가자고 하면 안 가잖아요. 어린이도서관 가서 책 보자고 하면 보다 쉽게 교회에 데리고 올 수 있어요. 게다가 어린이들이 오면 자연스레 가족이 같이 오게 되죠."

가족문화공간으로 자라나는 꿈

강성혜 교육사는 '꿈과 쉼'만의 특성화된 프로그램과 다양한 문화교실 등을 기획하고 진행하면서 누구나 와서 책을 보고, 대여해 갈 수 있는 공간을 넘어서서 어린이뿐만 아니라 가족 모두가 함께 편안하게 즐길 수 있는 가족문화공간으로서의 도약을 이루어가고 있다. "어린이도서관은 결국 가족도서관이 되어야 합니다. 어린이를 위한 좋은 콘텐츠가 있을 때에 어른들까지 자연스럽게 흡수할 수 있는 길이 열리거든요." '어머니를 영화상영' '가족영화상영' 등의 프로그램을 진행하는 이유도 그 때문. "델마와 루이스" "그녀에게" 등의 영화를 함께 보고 나누는 이야기들은 어머니들의 속내를 시원케 하는 수다 한마당이 된다고.

또한 한 달에 한 번씩 '꿈과 쉼'만의 체험학습을 떠난다. 근처 작은 박물관이나 방송국에서부터 멀리 양떼목장까지 부모와 함께 떠나는 체험학습은 아이들에게 매우 인기다. 좋은 동화책을 아름다운 영상으로

어린이 도서관 '꿈과 쉼'

만나고 그에 따른 놀이교실을 이어 진행하는 빛그림공연과 플루트, 바이올린 등을 배우는 클래식악기교실, 영어동화책읽기교실 등 매월 다양한 문화마당에서 자신의 은사를 나누는 선생님과 배움에 고픈 아이들과의 만남이 이루어진다.

씨를 뿌리고 기다리듯이

"어떤 분들은 교인이 아니면 이용하지 못하냐고 질문하시기도 해요. 참 마음이 아프죠. 책이란 누구나 이용할 수 있는, 경계를 없애는 것이 아닌가요? 그런데 교회가 도서관을 한다니까 그런 책조차도 선을 긋는 도구로 사용되는 것 같은 인상을 받나 봐요." 강성혜 교육사는 교회가, 또는 교회에 부속된 시설이 일반인들에게는 그만큼 다가가기 힘든 영역처럼 느껴진다는 걸 반증하는 것 같아 속상하단다. "문화선교는 단시간 내에 이루어지는 것이 아니에요. 가시적인 결과를 보려고 하지 말고 지속적이고도 장기적인 안목에서 해 나가야죠." 삼청교회가 이곳에 100년 가까이 있었어도, 담을 허물고 카페를 열고 쉼터와 도서관을 개방하고서야 "아니, 여기에 이런 교회가 있었네?" 한다는 지역주민들의 이야기는 웃지 못 할 씁쓸한 우리네 모습이다.

강성혜 교육사는 교회의 공간을 열고 함께 공유하려는 교회의 자세가 무엇보다도 중요하다고 말한다. "교회 공간에서 악기교실, 영어동화교실 등을 열기 때문에 교회를 다니지 않는 아이들도 자연스럽게 교회 공간 안에 발을 들여놓게 되더라고요. 교회시설이 아무리 좋아도 근접하기 어려운 공간이라면 쉽게 발걸음을 옮길 수 없거든요. 목회자들과 지도자 그룹의 인식전환이 필요한 대목이죠."

정작 가족이 가 볼 만한 문화공간이 많지 않은 이 땅에 가족이 함께 행복과 즐거움을 누릴 수 있는 공간을 교회가 제공한다면 얼마나 좋을까. 당장의 유익은 미미할지라도 씨를 뿌리고 열매를 맺기까지는 기다림이 필요하다. 교회가 경계를 흐리고 우리만의 공간이 아니길 거부하기 시작할 때에 소통이 가능한 눈높이를 비로소 맞출 수 있지 않을까.

단절과 경직의 담을 허무는 대공사를 시작했던 삼청교회는 이제 소통과 쉼, 유연함을 기초로 하는 새로운 집을 튼튼히 짓게 되었다. 파라솔이 있는 벤치와 커피, 그리고 책이 있는 한 폭의 멋진 그림도 걸어 놓았다. 삼청동이라는 지역의 문화에 품위 있게 녹아, 다시 건강하고 새로운 문화를 탄생시키고 있는 삼청교회의 또 다른 날갯짓을 기대해 본다.

2. 강북제일교회

··· 물 흐르듯 은혜의 강물을 따라

교회에 대한 사회적 이미지의 회복이 심각한 과제로 떠오르고 있는 시대, 본질에 충실한 뜨거운 예배와 드러내지 않는 나눔의 손길, 그리고 최선을 다하는 섬김으로 조용한 성장을 꾸준히 이루고 있는 교회가 있다. 무한한 상상들을 하나씩 펼쳐 보이며 교회와 세상에 희망을 선물하고 있는 강북구 미아동의 강북제일교회. 지난 2005년 황형택 담임목사가 취임한 이후 5년 만에 두 배가 넘는 성장을 거듭하며 현재 장년 7500여 명과 주일학교 2500여 명이 출석하는 1만 명 교회로 일어섰다. '성장' 자체만을 위한 애씀보다는 그저 가장 교회다운 알맞은 길을 찾아 걸어온 결과였기에 더욱 의미가 있는 강북제일교회. 그 이야기에 귀를 기울여 본다.

교회에서 만나는 클래식 공연

지난 1월 8일, 강북제일교회는 KBS 교향악단의 '신년음악회' 공연을 보려는 지역주민들로 본당이 꽉 찼다. 문화적 혜택의 기회가 다소 부족한 지역적 한계를 극복하고, 아름다운 예술문화를 함께 나누며 지역주민들을 섬기고자 하는 강북제일교회만의 문화사역의 일환이다. 지역주민들은 '교회'라는 공간에서 이루어지면서도 '전도'를 강요하지 않는 '문화'의 향기를 공유할 수 있음에, '교회'를 향해 마음의 문을 열고, 지역 공동체의 이웃으로 받아들일 수 있게 된다. 복음은 그때 자연스럽게 스며들어 그들의 영혼을 두드린다.

KBS '신년음악회'

"문화는 삶의 총체적인 집합체입니다. 인종과 나라마다 삶이 다르게 형성되어 왔기에 다른 문화를 가지고 있고, 그 문화의 차이와 차별성이 복음을 만날 수 없게 하는 벽을 형성하기도 하죠. 교회의 문화와 사회의 문화가 다르기에 두 문화가 만날 때 충돌하여 갈등을 야기하기도 하고요. 우리는 이 두 문화의 충돌이 아닌, 서로 끌어안고 화합하는 성육신 모델을 지향합니다. 교회가 사회의 문화를 끌어들여 새롭게 옷 입힘으로써, 낯설지 않고 익숙해질 때 복음을 제시하는 거죠. 믿지 않는 이들을 복음과 만나게 할 수 있다면 어떤 문화라도 도구로 활용하려 합니다." 강북제일교회의 황형택 목사는 이렇듯 '복음과 문화'라는 두 날개를 축으로 세상과 호흡하는 교회를 만들어 가고 있다. 복음의 본질을 놓지 않으면서도 건강한 사회문화들을 지역에 제공하는 선교적 균형감을 잃지 않는 것이다.

교회의 이러한 뚜렷한 방향은 다양한 문화사역을 감당하는 공간으로서의 교회로 자리매김하게 했다. '신년음악회'말고도, 정명훈 지휘자가 이끄는 서울시향의 공연을 비롯해서 마에스트로 금난새와 함께 하는 연주회, 그리고 케냐의 빈민촌 아이들로 구성된 '지라니어린이합창단'의 공연 등은 올려 듣는 이들에게 많은 감동을 선사하기도 했다. 그 밖에도 지난 11월, 연극 "여보 고마워"와 뮤지컬 "루카스"가 공연되었고, 독립영화 "워낭소리"를 상영하는 등 문화행사들이 연중 이어졌다. 더 나아가 미아역 1번 출구에서 바로 이어지는 교회의 공간을 상설공연장으로 오픈하려는 계획도 가지고 있다. 서울에서도 문화적으로 소외된 강북지역에 양질의 문화를 제공하고자 하는 교회의 노력은 계속된다. 바로 문화를 통하여 지역을 섬기며 나누는 것이다.

북카페 내부

어려워도 나눌 수 있다

아이티의 지진피해를 돕기 위한 특별헌금이 진행된 1월 17일 주일예배. 1부~6부 예배를 통해 드려진 특별헌금이 무려 6700여만 원이었다. 교회의 예산에서 떼어 지원한 것도 아니었고, 기존의 주일예배 헌금도 전혀 줄어들지 않은 상황이라, 교역자들과 성도들 모두가 스스로 놀랄 만큼 감사했던 시간이었다고. 그러나 더 놀라운 것은 그때가 바로 매년 설을 앞두고 진행하는 '사랑의 쌀 나누기' 행사를 진행하던 과정이었다는 것. 전 교인이 1~2kg씩 모아서 4톤가량을 모았고, 헌금으로 쌀을 구입해 모두 30톤이 넘는 어마어마한 양을 만들게 된 것이다. 교회 모든 성도들이 '힘에 겹도록' 섬김과 나눔에 최선을 다했기에 가능한 일이었다.

이는 갑자기 이루어진 결과가 아니다. 서민들이 사는 지역 특성을 지닌 교회로서 남을 돕는 실천을 이끌어 내기란 쉽지 않았다. 그러나 황형택 목사는 어려운 중에도 남을 돕는 것이 진정한 나눔이라는 메시지와 격려를 통해 한 걸음, 한 걸음 교인들의 마음에 다가갔다. 지난

2007년 제주도에서 수해가 났을 때의 일이다. 당시 교회 체육대회를 열기 위한 준비를 하던 중, 체육대회를 취소하고 그 예산에 보태 1억 2천만 원을 제주도 수해지역으로 헌금했다. 태안의 기름유출 사고가 있었을 때도 거의 매일 교구별로 성도들이 내려가 몸으로 직접 봉사를 하며 섬김을 실천했다. 작년 최악의 지진을 맞았던 중국 쓰촨성에는 주일 헌금 1억 4천만 원 전체를 보내면서도 언론에 홍보하기는커녕, 조용히 섬길 수 있음에 감사했다고.

　스스로 주목을 받거나 권위를 세우는 것을 싫어하는 황형택 목사는 큰 교회가 감당해야 할 일을 당연하게 한 것뿐이라며 미소를 짓는다. 교회가 급성장하면서 지역의 작은 교회들이 힘겨움을 겪을까봐 재정적으로 어려운 지역교회의 목회자 자녀들을 위한 장학금 지원방안을 모색하고 있기도 하다.

사랑의 연탄나누기

존경받는 교회가 되기 위하여

강북제일교회는 또한 '다음 세대를 기르는 교회'로서의 면모를 다지고 있다. 이때의 다음 세대는 자라나는 아동과 청소년, 청년만을 대상으로 하지 않는다. 한국교회를 이끌 수 있는 차세대 리더를 세우는 일까지를 포함하기 때문에 장년들 또한 다음 세대가 될 수 있다. 사역자의 수준이 교회의 수준을 결정한다는 담임목회자의 지론에 따라, 부교역자들이 계속해서 공부를 할 수 있도록 지원한다. 황형택 목사가 교육전도사였던 시절, 어렵게 사역했던 경험을 생각하며 가장 좋은 환경에서 일할 수 있도록 사역자들에 대한 지원을 아끼지 않는다고. 또한 리더십 스쿨을 운영하면서 교회에서는 하나님께 쓰임 받고, 세상에서는 영향력을 끼칠 수 있는 성도를 양육하고 있다.

"요즘 저의 관심은 교회의 대사회적 이미지를 회복하는 데 있습니다. 교회의 영광스러움을 교회 밖 사람들이 어떻게 하면 느낄 수 있을까를 놓고 고민하고 있어요. 교회가 존경받을 수 있는 세상이 되기를 꿈꾸는 거죠. 그래서 '문화'를 소통의 도구로 활용하려 합니다." 믿지 않는 사람들이 보더라도 거부감이 없는 좋은 문화를 교회가 제시함으로써, 세상이 함께 공유할 수 있는 건강한 문화를 나누고자 한다. 이렇게 문화를 함께 누림으로써 교회 내적으로는 새로운 변화를 추구하고, 외적으로는 사회와의 공감대를 동시에 형성할 수 있다. "이제는 크리스천만의 문화를 위한 교회가 아니라, 지역사회 모두가 함께 소통할 수 있는 문화를 형성하는 교회가 되어야 합니다." 강북제일교회는 이렇듯 복음과 문화, 세대와 지역을 아우르려는 노력이 모여 '존경받는 교회'로서의 자리를 회복해 가고 있다.

오늘보다는 내일이, 내일보다는 그 다음 날이 더 기대되는 강북제일

교회는 그래서 현재진행형이다. 마치 그 무엇이 용솟음치기 위해 꿈틀거리고 있는 듯한 교회의 살아 있음이 다가오는 새 봄, 더욱 희망차게 새순을 싹 틔울 것이다.

강북제일교회
서울시 강북구 미아동 196번지. 02-945-4600.
www.kangbukjeil.org

3. 장유대성교회

··· 지역과 함께 숨 쉬는 교회

　　장유대성교회는 1950년 부산 대청동에 설립된 부산대성교회에서 2001년 6월 장유신도시 지역으로 분립한 교회이다. 경상남도 김해시 장유면 삼문리 103번지에 위치한 이 교회는 지역과 함께 성장하는 교회로 인식되고 있다. 불교문화권의 영향이 강해 기독교 인구가 5% 정도에 불과한 지역에서 9년 전 200여 명으로 시작한 교회가 지금은 장년출석 1700여 명과 주일학교 1000명으로 급성장하였다. 교회의 비전을 함께 공유하고 지역을 섬기며 함께 호흡하는 교회로 성장한 장유대성교회를 다녀왔다.

장유대성교회 전경

북카페 '필그림'
- 장유에 새로운 터를 만들다

'장유면 삼문리'로 나열되는 주소를 보아 예상했던 시골풍경은 어디에도 보이지 않았다. 10년 전까지만 해도 논과 밭이었던 장유면이 주거지역으로 개발되면서 아파트가 하나, 둘씩 들어서 신도시가 만들어진 것이다. 인근의 부산, 창원, 마산, 진해 등지로 출퇴근하는 직장인들이 모이면서 젊은 도시로 변화했다. 대부분의 주민이 타지에서 이사를 온 상태였기 때문에 서로 사귀며 만날 수 있는 계기와 공간도 부족했다.

또한 다양한 배경과 사회적 지위를 가진 사람들이 모이다 보니 지역정서가 아직 자리 잡지 않은 상태였고 새로운 지역문화 창출에 대한 요구가 대두되었다. 그런 지역의 상황에서 교회를 시작한다는 건 쉽지 않은 결정이었음에도 불구하고 분립하여 이곳에 교회를 건축하고 비전관을 세우면서 기독교적 가치관으로 지역문화를 선도하고자 하는 도전을 시작했다. 교회를 분립하는 과정 또한 지혜롭고 합리적으로 이루어져, 교회분립의 좋은 모델이 되고 있다. 도시의 시작과 함께 태어난 교회는 지역의 필요가 무엇인지 고민하기 시작했다. 이를 위해 지역사회를 위한 모든 사역을 담당하는 '지역사회봉사원'을 만들고 교역자(이경선 목사)를 따로 배정하여 모든 사역을 총괄하게 하였다.

북카페 필그림

키즈랜드
- 1층은 지역민을 위한 공간으로

도시의 시작과 함께 한 교회는 지역의 필요가 무엇인지부터 고민하기 시작한다. 쇼핑센터와 문화센터가 전무한 상태에서 지역주민들의 욕구를 충족시켜 주기 위해서 문화교실로 첫 사역을 열었다. 2001년 겨

울학기에 처음 시작한 문화교실은 현재 1년에 3학기 62개 강좌가 열리고 있다. 각종 어학과 다양한 취미, 스포츠 등의 질 높은 강좌가 무료로 열리니, 접수하는 날이면 큰 도로까지 나와 주민들이 나와 줄을 서서 기다리는 진풍경이 펼쳐진다고. 장유대성교회의 1층은 모두 이 지역민들을 위한 공간으로 꾸며졌다. 차와 음악이 있는 공간의 북카페 '필그림'은 주민들의 교제 공간으로 저렴한 가격으로 차를 마시고 서적을 구입할 수 있다. 문을 열고 들어가니 젊은 엄마들의 수다 소리가 카페 기운을 싱그럽게 채우고 있다. 북카페 필그림의 한쪽에는 자원의 재활용 운동으로 쓰지 않는 물건을 모아 이웃과 나누는 아름다운 가게를 운영하며 생협을 통해 친환경 유기농 농산물을 제공하는 곳도 있어 안전한 밥상문화를 만들어 가고 있다.

그중에서도 가장 눈길을 끄는 것은 '키즈랜드'이다. 50평 정도의 공간에 실내놀이시설을 만들어 지역 엄마들의 수고를 덜어 주고 있다. 문화교실 강의를 듣기 위해서는 아이를 맡겨야 하는데, 이를 위한 교회의 세심한 배려라니, 엄마들의 마음을 단번에 사 버렸다. "교회에 다니지 않는 엄마라도, 교회에 와서 키즈랜드에 아이를 맡기고, 문화교실 강의를 듣고 난 후, 북카페 필그림에 가서 따뜻한 차 한 잔 나누며 수다를 떨고, 아름다운 가게에 들러 아이들에게 맞는 겨울옷을 한 벌씩 구입한 다음, 유기농 채소와 과일까지 장보고 돌아오는 것이 하루 일과가 되는 거죠. 교회에서 이 모든 것이 가능하니까요." 지역사회봉사원 이경선 목사는 이 모든 것을 이용하는 이들의 80% 이상이 교인이 아닌 지역민들이라고 한다. 이쯤 되면 장유대성교회가 장유지역에서 얼마나 '친절한' 문화공간으로 자리매김을 했는지 짐작할 만하다.

지역을 섬기는 일이 체질화되다

지역을 섬기고자 하는 장유대성교회의 의지는 여기서 끝나지 않는다. 2005년부터 시작한 '방과후교실'이 2009년 10월부터는 '꿈샘지역아동센터'로 허가되었다. 맞벌이 부부의 증가와 이혼, 실직 등으로 인해 소외되는 아이들을 돌보고 교육하는 프로그램을 진행 중이다. 또한 장유지역의 노인문화와 복지향상을 위해 어르신들의 수요에 맞는 '경로대학'을 개설하여 지역사회에 아름다운 전통을 만들어 가고 있다.

그리고 주간 교회학교 유아 프로그램으로 아기학교를 열어 생후 24개월에서 48개월 사이의 아이들과 보호자를 대상으로 하나님의 말씀을 가르치고 음악과 놀이, 야외학습, 어머니교실 등을 하고 있다. 임산부학교에서도 예비신부와 임신여성을 대상으로 임신으로부터 오는 여러 가지 상황들에 대처할 수 있도록 돕고 있다. 거동이 불편하거나 홀로 생활하신 어르신들에게 도시락을 배달하기도 하고, 일 년에 한 번 크게 열리는 '사랑나눔자선바자회'에서는 매년 발생하는 수익금을 전액 지역에 기부하여 공공 도서관의 책을 구입하기도 하고, 주변 17개 학교 170여 명의 결식아동들에게 급식비를 제공한다고. 학교에서는 결식아동이 생길 때마다 장유대성교회로 문의를 해 오고, 교회는 이를 도울

지역아동센터와 키즈랜드

수 있어 행복할 뿐이란다.

교회가 고마운 지역

이러한 사역들을 진행하면서도 교회는 절대 주민들에게 교회에 나오라고 강요하지 않는다. 본인 스스로가 마음의 문을 열고 교회에 나오기까지 기다리는 것이다. 그럼에도 문화교실의 강사들뿐만 아니라 수강생들 중 20% 정도가 교인으로 등록한다고 한다. 교회가 지역사회에 대한 여러 가지 일을 진행하다 보니, 한 가정 안에서 아기는 아기학교, 엄마는 문화교실, 할머니는 경로대학을 다니기도 한다고. 교회가 가정의 문화까지 자연스레 영향을 미치게 되는 거다. 대사회적인 교회의 이미지가 많이 실추되고 있는 요즘, 장유대성교회는 지역민들이 높은 호감도와 고마움을 느끼는 교회가 되었다는 측면에서 그저 감사할 뿐이라고. 이 다양한 사역을 감당하기 위해서 200여 명의 자원봉사자들이 본인이 선택한 요일과 시간에 와서 일손을 돕는다. 성도들에게 지역을 섬기는 것을 몸으로 깨닫게 하는 동시에, 사역의 장을 제공함으로써 역동적으로 움직이는 교회로 성장하게 되었다. 장유지역의 정보를 제공하는 온라인 네트워크 장유넷(www.jangyu.net)이 있는데 그곳에 교회에 대한 비방의 글이 올라 올 때면 지역주민들이 먼저 나서서 변호하기까지 한다. 이것이 바로 문화선교의 힘 아닐까.

한재엽 목사는 문화사역을 시작할 때 장기적인 안목으로 바라보는 것이 중요하다고 말한다. 시행한 후 바로 열매를 거두려하지 말고 기다릴 줄 아는 인내가 중요하다는 것. 장유대성교회는 문화를 하나의 행사와 프로그램으로 바라보지 않고 지역주민의 삶을 깊이 이해하려는 측면에서 바라보고 다가가려 노력했다. 대화하고, 소통하고, 나누고자 하는 교회의 값진 노력. 장유에서 이 교회가 사랑을 받는 이유는 바로 그 때문이다.

장유대성교회
경상남도 김해시 장유면 삼문리 103. 055-723-2001.
www.jangyu.or.kr

4. 기쁨의교회

··· 고뇌 속에 빛나는 절대적 기쁨

자로 잰 듯한 깔끔한 분위기인데 의외로 언뜻언뜻 사투리 섞인 말투가 들려서인지, 편안한 이야기가 시작되었다. 자신을 부산사람이라 소개하며, 직접 보이차를 내려 주는 박진석 목사. 아마도 담임목사가 직접 내려 주는 차를 마신 것이 처음이기 때문이었을까. 문화와 한국교회에 대한 이야기를 나누다가 시간이 훌쩍 지난 걸 뒤늦게 알고서 인터뷰를 서둘러 끝냈을 만큼 인상 깊은 시간이었으니 말이다. 지난 2005년 4월에 부임하여 포항 기쁨의교회를 섬기고 있는 박진석 목사를 만나 보았다.

설교는 최고의 예술적 행위

문화를 바라보는 그의 시각은 역시 남달랐다. "문화가 목회의 일부가 아니라 전부라고 할 수 있죠. 삶의 문화, 교회 문화를 아름답고 건강하게 바꿔 가는 것이 목회니까요." 문화를 단순히 영화나 뮤지컬의 장르에 한정시키거나 이벤트 위주의 프로그램으로 인식하여 교회사역의 일부로 규정하기 쉬운 현실이기에 듣던 중 반가운 이야기다. "전 설교야말로 가장 최고의 예술적 행위, 문화라고 생각해요. 한번은 경북지역에 계시는 화가 소산 박대성 선생님을 뵙고 싶어 찾아간 적이 있어요. 외팔이 화가로도 불리는 그분의 예술적 힘의 본질은 무엇일까 궁금해서요. 설교예술가로서 그림예술가와 만나고 싶었죠. 도대체 어떤 예술적 영성이 그의 그림을 완성시키는가, 그분의 말씀을 들으며 참 많이 배웠습니다. 앞으로도 종종 찾아뵙고 싶은 분이죠." 영성과 예술성, 문화와 영성의 긴밀한 관계를 설교라는 작품을 통해 이미 보여 주고 있는 그는 "선덕여왕"과 같은 작품 하나가 얼마나 높은 수준의 문화적 함의를 내포하고 있는지 목회자들이 깨어 있는 의식으로 볼 줄 알아야 한다고 덧붙인다. "이는 신학적 성찰이 함께 이루어지지 않으면 어렵습니다. 목회가 신학과 분리되어 교회현장 중심으로만 돌아갈 때 이를 통찰할 수 있는 능력을 상실하게 됩니다. 물론 신학교는 목회를 염두에 두는 신학적 실용주의가 필요하고요. 교회는 신학적 성찰을 통해 성서 본연의 가치를 끊임없이 질문하고 고민해야 합니다." 한국교회의 목회와 영성이 전체적으로 낙후되어 있는 현실도 그런 맥락에서 풀어야 할 과제다.

교회 밖에서 놀 줄 알아야

그가 생각하는 교회란, 종말론적 복음공동체이면서 사도적 사명공동체, 또한 성육신적 생활 공동체이다. 이때 성육신적 생활공동체로서의 교회가 바로 세상과 소통하는 문화선교를 하는 지점이 된다고. "이벤트는 문화선교의 외면적 형태일 뿐이에요. 문화선교의 정의를 본질적으로 내려 보자면, 교회 고유의 가치로 세상과 대화하는 것이 아닐까 생각해요. 세상의 흐름을 수용하는 것도 중요하지만 교회는 본연의 위대한 가치를 세상과, 사회와 함께 나눌 수 있어야 합니다. 그 고유의 가치를 어떻게 드러낼 것인가, 하는 실천이 중요해지는데 이 모두를 문화선교라 할 수 있죠."

요즘 기업 CEO 리더십 형태로 대표되는 '섬김의 리더십(servant leadership)'은 본래 이 세상을 섬기러 오신 예수님의 정신, 기독교의 가치였다며, 교회가 이제 와서 그것을 거꾸로 배우려 하고 있는 모양이 안타깝다고. 교회 안에만 갇혀 교회 밖과 소통하지 못하는 한계가 더 분명해지기 때문이다. "교회 안에서만 놀지 말고, 교회 밖에 나가서 놀 줄 알면 좋겠어요."

청년부가 매년 성탄절에 포항의 중앙상가로 나가 상인, 시민들과 함

성탄거리축제

께 성탄의 기쁨을 나누는 것도 교회 밖에서 신나게 노는 한마당을 위해서다. "문화선교가 자칫하면 마치 재정적 여유가 있는 기독교 엘리트적 상류층 문화를 추구하는 것으로 오해할 수 있는 것 같아요. 그렇기에 교회는 성도들이 한바탕 잘 놀 수 있는 '마당문화'를 계발해야 한다고 생각해요. 누구나 함께 다수가 놀 수 있는 문화요." 잘 놀 줄 안다는 것은 그만큼 창조적이고 역동적이며 다양한 실험이 가능하다는 이야기다. 그가 교회 청년 사역자들에게 가수 빅뱅 콘서트를 다녀오라고 한 것은 다 그 때문이다. '모두가 함께 어떻게 놀 것인가'를 고민하는 담임목사. 기쁨의교회는 그렇게 포항시민들을 위한 '노는 마당'이 되기 위한 모험들을 감행한다. 이것이 문화선교 아니겠는가, 하면서.

문화나눔의 기쁨을 누리다

박진석 목사는 한바탕 놀 수 있는 마당문화를 만들되, 동시에 세련됨을 갖추는 것이 필요하다고 조언한다. "보석을 보석상자에 넣어야 하는 것처럼 복음을 귀하게 담아야 할 필요가 있어요. 교회가, 기독교가 뭘 하든지 촌스럽거나 성의 없어 보일 때가 많았잖아요. 제가 가끔 농담하는데 그 브랜드 이름을 '후지다'라고 하기도 하죠. 하하!" '후진' 복음이 아니기에, 더욱 예술적이고 세련되게 담아야 한다는 거다. 교회 전체를 아우르는 교회의 CI(로고)나 브로슈어, 유인물, 안내문 등 모두 감각적인 디자인으로 표현하고 있다. 이러한 세련됨은 이 지역의 주민들과 함께 문화적 콘텐츠를 향유하는 과정에서도 드러난다.

일 년에 한 번 열리는 'Joyful Festival'은 수준 높은 음악회, 콘서트 등을 감상할 수 있는 기회로서 누구나 참여할 수 있는 지역의 문화축제가 되었다. 올해는 10월과 11월에 걸쳐 지역주민들이 함께 공모하는 '기쁨의사진전', 뮤지컬 "날개없는 천사들"의 공연, SBS 김정택 예술단장과 가수 신형원 씨가 함께 하는 '기쁨의 콘서트' 등을 펼친다고. 이러한 문화적 경험이 어려운 문화소외계층에게는 참 반가운 '문화나눔'이 아닐 수 없다. 또한 포항의 70%를 차지하고 있는 미자립 교회를 한 달에 한 곳 방문하여 그 교회의 어려운 부분들을 실질적으로 돕기도 한다. 음향을 점검하고, 페인트칠도 하고, 수리비를 지원하며, 다양한 매뉴얼을 제공하는 일들을 통해 지역과 교회를 살리는 기쁨을 누리고 있다.

하나님을 위한다면 이웃을 위해

기쁨의교회는 또한 지난 99년 '사회복지법인 기쁨의 복지재단'을 만들어 지역사회복지를 위해 전문적으로 사역해 왔다. 이를 맡고 있는 조경래 목사는 교회가 그리스도의 사랑을 실천하기 위해서, 그리고 동시에 세상을 섬기는 교회가 되기 위해 필요한 일을 하는 것은 교회의 당연한 사회적 책임이라며, 교회가 먼저 나눔의 정신으로 교감하는 것이 중요하다고 말한다. "처음에는 쉽지 않았는데, 지금은 지자체에서 지원하기도 하고, 저희에게 오히려 위탁하기도 하더라구요."

특별히 경상북도에서 위탁받아 운영하고 있는 '경상북도노인보호전문기관'은 교회와 지자체가 함께 지역을 섬기는 좋은 모델로 성장했다. 학대받는 노인들을 위한 쉼터를 운영하고 있는데, 연 인원 218분 정도가 이용한다고. 젊은이들은 도시로 빠져 나가면서 날로 더욱 고령화되어 가는 지방의 지역들은 '노인 문제'가 매우 심각함을 피부로 더욱 느낀다. "이제는 지자체나 주민들이 먼저 저희 교회에 기대하는 것들이 생깁니다. 지금까지 노인보호주간센터, 노인학대예방센터 등의 노인문제를 돌보아 왔다면 장애우들의 복지를 위한 일들도 하겠다고 약속했

죠." 역시 교회는 교회다, 라는 칭찬을 들을 때 기쁨의교회는 가장 기쁘다고.

노인보호전문기관

가장 두려운 것은 나를 목회하는 것

중요한 건 사람을 키우는 일이라며, 부교역자들에게 가고 싶은 나라에 나가서 이것저것 경험하도록 일 년에 두 명씩, 두 주의 휴가를 지원하고 있는 박진석 목사. 열매만 따먹고 재투자를 하지 않는 교회는 그 다음 세대에게 참 미안한 일이라 말하는 그에게, 가장 큰 목회적 어려움은 무엇일까.

"사실 전 제 자신이 가장 어렵고 두렵습니다. 나를 똑바로 목회하는 것이 제일 어려운 거죠. 내 안에 너무 많은 내가 있어서 때론 무섭고, 때론 자신이 없어지죠." 매우 공감이 가면서도 뜻밖의 대답인지라 순간, 대형교회의 '담임목사'가 아닌, 그저 한 '사람'을 맞닥뜨린 것만 같아진다. 허나 그래서 그분의 도우심이 더 필요한 것 아니겠는가. 기도하면 내가 복 받는다는 식의 율법적 메시지와 맹목적 신앙을 가르치기보다는, 하나님께서 주시는 은혜를 깨닫고 기뻐하는 신앙에 대해 나누는 것도 그 때문이다. 우리가 하나님을 위해 무엇을 할 것인가가 아니라, 하나님께서 우리를 위해 무엇을 하시는가를 돌아보는 것이 바로 복음의 본질이며, 주인공은 복 받는 내가 아니라 복 주시는 하나님이시니. 가장 두려워해야 할 것을 기꺼이 품고 가는 그의 '실존적 고뇌'가 주인공이신 그분의 은혜 아래 더욱 찬란하게 빛난다

기쁨의교회
경북 포항시 북구 동빈1가 63-12번지. 054-270-1004.
www.joych.org